KB102409

비영리 도시개발

개발이익 시민환원

Non Profit Urban Development
The Return Of Development Profits

비영리 도시개발

개발이익 시민환원

전병구 지음

"최초의 비영리 도시개발사업을 제안한다."

좋은땅

| 프롤로그 |

『비영리 도시개발』을 시도하다

역사학자 Ben Wilson은 그의 저서 Metropolis에서 인간의 가장 위대한 발명품은 도시라고 주장하며 인류가 자유로운 자연과 농경지를 버리고 좁고 협소한 도시생활을 하게 된 원인을 추적하였다. 인류가 최초의 도시 우루크(수메르어 ; 우누그, 아카드어 ; 우루크, 유프라테스 강 동쪽으로 현재 이라크 무탄나 주의 사마와에서 동으로 약 30㎞ 지점)를 건설한 후 6,000년이 지난 지금까지도 우리는 도시를 건설하는 데 무척 서툴다. 사람들을 해방하기보다 구속하는 장소로, 삶의 질을 높이기보다 떨어트리는 장소로, 과학적으로 계획된 대도시라는 꿈을 좇는 전문가들 때문에 불필요한 비극이 초래되기도 했다. 도시는 결코 완벽한 적이 없다. 그리고 우리는 완벽한 도시를 만들 수 없다. 유엔 경제사회국(UN DESA)이 발간한 「2018 세계 도시화 전망 보고서」에 따르면 오늘날 매일 20만 명이 도시로 이주하며, 지구 인구의 중 도시인구가 55%인 42억 명에 달하면서도 2050년까지 25억 명이 도시로 이주할 것으로 보고되었다. 그러나 이 같은 통계 전망은 놀랄 만한 일이 아니다. 현재 대한민국 도시인구는 81.5%임에도 불구하고 2050년 86.2%까지 증가할 것이며, 특히 수도권(11,851㎢)은 대한민국 전체 면적의 11.8%임에도 불구하고 2021년 3월 말 기준 총인구의 50.28%, 2,600만 명이 살아가고 있는 메가시티가 되었으며, 대한민국은 인구의

86%가 도시에서 살아가는 도시국가가 되었다. 대한민국은 건국 이후 70년의 세월 동안 도시국가답게 끊임없이 새로운 도시를 건설하며 살아왔고, 앞으로도 늘어나는 도시인구를 위하여 도시개발은 지속될 것이다.

대한민국은 현재까지 세 가지 개발방식으로 도시를 개발해 왔다. 정부(지방정부 및 투자기관 포함)가 추진하는 공공개발방식과 민간(조합 포함)이 추진하는 민간개발방식, 2000년을 전후하여 지방정부와 민간이 공동으로 추진하는 민관합동 개발방식이다.

공공개발방식의 최대 장점은 개발이익의 공공 환수와 부의 재분배의 일환으로 이는 토지공개념의 실현과도 유사하다. 토지공개념은 미국의 경제학자 헨리 조지(Henry George 1839~1897)가 『진보와 빈곤, Progress and Poverty, 1879』에서 “단일토지세”를 주장하였고 이는 ‘조지주의 운동’의 확산을 이끌었다. “단일토지세”는 D.리카도가 주장한 지대론(地代論)에 입각하여 토지에 대한 공유성을 중시, 모든 지대를 조세로 징수하고 다른 조세는 철폐하여야 한다는 주장이다. 그리고 우리나라는 1977년 제4공화국 당시 신형식 건설부장관이 주택용 토지와 농경지를 제외한 모든 토지에 대하여 공개념의 도입이 필요하다고 주장하며 토지공개념이 공론화하게 되었다.

우리나라 도시개발의 시초는 일제강점기인 1934년 「조선시가지계획령」의 제정으로 토지구획정리사업이 처음 도입되었는데, 「조선시가지계획령」은 1948년 대한민국정부 수립과 더불어 시가지계획령으로 존속되다가

"도시계획법"과 "건축법"이 제정되면서 폐지되었고, 1966년 "토지구획정리사업법"이 제정되었다. 1970년대 초반의 단독주택 건설 중심에서 공업화로 인한 급격한 도시인구 증가 문제를 해결하기 위해 대규모 아파트단지 건설을 시작으로 주택부족 해소를 위한 도시의 효율적 개발과 공급을 목적으로 1980년에 "택지개발촉진법"을 제정하여 시행하였다. 2000년을 전후하여 민간개발자도 도시개발사업을 통해 주거 · 상업 · 산업 · 유통 · 문화 · 복지 기능이 복합된 대규모 단지나 시가지 조성사업을 추진할 수 있도록 「도시개발법」의 제정으로 활성화되었다. 하지만 민간개발방식은 개발이익의 사유화로 인하여 부동산 투기를 유발하였고 투기에 따른 부의 불평등은 우리 사회의 갈등을 가속화하는 부작용 등을 양산하는 결과를 초래하기도 하였다. 부동산으로 인한 소득불균형은 우리 사회가 풀어야 할 어려운 숙제 중 하나이며 우리 세대가 해소해야 할 문제다.

우리 사회는 도시개발이라는 행위적 사안에서의 투자와 수익 등의 사유재산 보호를 기반으로 하는 자유시장경제와 공공복리를 기반으로 하는 토지공개념에 대한 이해와 이념의 충돌이 지금까지도 지속되고 있다. 토지공개념은 과도한 사유재산 권리침해라는 주장과 불로소득에 대한 부의 재분배 논쟁은 우리 사회가 아직은 건강하다는 사회의사표시로서 긍정적 논쟁이라고 생각한다. 대한민국 헌법 제23조에 따르면 모든 국민의 재산권은 보장되며, 제119조에서 대한민국의 경제 질서는 개인과 기업의 경제상의 자유와 창의를 존중함을 기본으로 하는 "자율경제 시장질서" 이념을 기반으로 세계에서 가장 빠르고 우수하게 국가발전을 이룰 수 있는 토대가 되었다. 하지만, '헌법 제23조와 제122조에 따르면 재산권 행사는 공공복리에 적합해야 하며 재산권의 내용과 한계는 법률로 정할 수 있다. 그리고 국토의 효율적 이용을 위해 법률이 정하는 바에 의하여 제한과 의무를 부과할 수 있다.'라고 토지에 대한 공공복리를 명문화함으로써 사유재산 보호와 더불어 토지공개념을 동시에 채택하고 있다.

앞서 설명과 같이 정부 주도적 공공개발은 도시개발과 개발이익의 전액 환원이라는 결과는 공공복리 실현이라는 공익 생산 활동임에는 틀림이 없다. 하지만 인류의 현대사에서 국가 주도적인 계획경제체제 대표주자인 공산주의가 자유시장 경제에 패하여 역사의 뒤안길로 사라진 이유를 우리 모두 잘 알고 있다. 따라서 자유시장 경제체제하에서 개발이익 사유화 범위와 공공환수에 대한 사회적 합의가 반드시 필요한 시점이 되었다고 생각한다. 그리고 이제 우리 사회는 공공개발과 민간개발의 장점을 접목한 민관합동개발을 실험해 왔고 민관합동개발에서의 개발이익 귀속과 범위에 대한 재논의 준비가 되었다고 생각한다.

지금까지 우리는 도시개발 행위를 경제적 투자 행위로 간주하여 왔다. 따라서 공공개발은 공공이 투자하였으므로 개발이익이 공공에 귀속되며, 민간개발의 경우 민간의 투자로 개발이익의 민간 귀속에 당위성을 부여하여 왔으며 다만, 개발이익 중 일부를 환수하는 방법으로 민간의 과도한 개발이익을 조절하여 왔다. 이와 같은 개발투자와 개발이익이라는 관점에서 민관합동 개발사업도 맥락을 같이해 왔고 민간과 공공이 개발이익을 나누었다. 하지만, 최근의 성남판교대장지구 도시개발사업에 참여한 민간의 과도한 개발이익 귀속이 사회문제로 대두되었다. 이에 필자는 도시개발

중 민관합동 도시개발사업의 개발이익에 대하여 공공복리와 사익 추구에 관한 사회적 협력모델을 제시 하고자 "비영리 도시개발"을 제안한다. '비영리 도시개발'이란 민간이 도시개발투자와 관련하여 개발이익을 사유화하지 않을 것을 전제로 한다. 때문에 기존의 개발투자와 개발이익에 관한 등가는 비영리 도시개발에서는 성립하지 않는다. 하지만 개발투자와 개발이익의 등가가 성립하지 않는다고 하여 민간이 참여이익이 없이 자원봉사를 하라는 것도 아니다. 민간의 개발참여가치 즉, 민간의 노동력과 기술 가치에 대하여 정당한 대가의 추구를 전제로 한다. 그리고 이 책에서는 비영리 도시개발의 이해를 위하여 민관합동 도시개발사업에 참여하는 민간회사들 건설업체, 금융기관, 시행업체 등의 업종별 참여 동기와 목적, 요구사항, 영역별 리스크 분석과 Hedge 방안, 참여자들 간의 이해관계와 갈등문제 등의 분석을 통하여 '비영리 도시개발'을 제시할 것이다.

최근의 부동산사건을 예로 들자면 LH투기사건은 내부 개발정보를 이용한 공기업 임직원들의 개인적 일탈행위에 가깝다. 이것은 정부투자기관의 내부 감사제도가 있음에도 불구하고 자정 능력을 상실한 관리시스템 문제이기도 하다. 한편, 성남 대장동사건은 민간사업자에 대한 천문학적 고배당 사건인데 고배당은 사업참여자들 간에 체결된 '사업협약'을 기준으로 한다. 이사건의 의문은 성남시가 과반의 지분 확보하였음에도 불구하고 보통주의 권리인 "지분율 배당제"를 포기하고 우선주 권리인 "확정 이익제"를 선택한 이유와 배경이다. "확정 이익제"는 주로 국내 금융기관이 많이 사용하는 방식이다. 금융기관이 참여하는 대부분의 Project Financing 대출이나 투자에서 프로젝트 수익 증감에 상관없이 확정적 이익배당 또는 이자를 프로젝트에 참여한 다른 참여자들보다 우선하여 지급 받는 방식인데, 금융기관뿐만 아니라 공적연기금 관리기관 등에서도 높은 투자수익보다 투자원금 보장과 수익의 안정이 최우선시 할 때 투자하는 방식이다. 예를 들자면 국민연금을 고수익 위험 투자 상품에 투자하다 막대한 손실을 입는 투자행위를 우리 사회가 용인하지 않는 것과 같다. 그리고 "확정 이익제"는 추가적으로 발생한 수익의 배당에는 참여하지 않는 방식을 대부분 포함하는데, 이는 사업 과정에서 예상수익의 감소가 발생하여도 당초 약속된 금리수준의 수익을 우선 보장받는 Low Risk Low Return방식, "저위험, 저수익" 안전투자 구조로써 최소한의 수익을 우선 보장 받아 위험을 회피하는 대신 추가수익을 포기하는 구조이기 때문이다. 대부분의 사람들은 Low Risk High Return 즉 낮은 위험을 부담하고 최고의 수익을 기대한다. 그러나 저위험 고수익과 같은 투자는 영화나 드라마 기타 상상의 범주에서 가능할 것이다. Low Risk High Return은 현실에서는 찾아보기 어렵고 그런 기회가 있다 하여도 불법이거나 사기범죄에 당신을 희생양으로 만들기 위한 꼼수가 다반사일 것이다. 따라서 성남시의 "확정 이익제" 선택 과정 또는 의사결정 등에 불법성이 없다면 잘못된 결정이라고 단정할 수 없다고 본다. 프로젝트의 종료 시점에서 과거에 선택한 투자방식을 문제 삼는 행위는 현재를 살아가는 우리에게 미래 불확실성에 대한 책임을 묻는 것과 같다. 이 같은 논쟁은 모든 세대에게 아무런 도움이 되지 못할 것이다.

민관합동 개발사업 외에도 최근 변화하는 공공개발방식에서도 이견의 조짐이 있다. 규모가 큰 정부 투자기관의 공공개발을 지방정부 입장에서 보면 개발이익의 공공환수라는 점은 인정되나 개발이익 환수주체와 환수가 지방정부가 아닌 중앙정부이기 때문에 지방정부 시민들의 입장에서는 중앙정부의 공공개발방식이 지방정부가 추진하는 민간합동 개발방식보다 못한 성적표를 받을 것이 확실하고, 개발이익을 시민이 공유할 수 없다는 점은 지적하지 않을 수 없다. 지방정부가 추진하는 민관합동개발의 경우, 공공기여를 제외하고도 최소 절반 이상의 개발이익을 지방정부가 시민들에게 돌려줄 수 있기 때문이다. 따라서 지방정부 입장에서는 정부투자기관의 개발이익 환수가 시민을 위한 최선의 대안이라고 말할 수도 없을 것이다.

국회는 2021년 12월 도시개발사업과 관련하여 민간참여자의 개발이익에 대한 상한선 규제를 목적으로 하는 도시개발법을 개정하였다. 그러나 민간참여자 배당이익 상한선 등의 규제에 집중한 나머지 민간의 사회적 개발 즉 비영리 도시개발의 유도를 배제한 점이 필자에게 너무도 아쉽게 다가온다.

투자는 영리를 목적으로 한다. 때문에 『비영리 도시개발』은 필자가 부동산 개발과 관련하여 전문가들에게조차 설명하기 어려운 문제이고, 투자의 정의와 정면으로 배치되는 비통념적 주제임은 틀림없다. 하지만 민관합동 도시개발사업이 비영리 방식으로 추진된다면 문제가 된 민간의 과다한 배당부분 또는 부동산 투기 조장과 같은 문제들은 애당초 거론될 여지가 없을 것이다. 필자는 비영리 도시개발을 준비하면서 20여 년 도시개발 경험을 토대로 명확하고도 지속 가능하도록 이론적인 뒷받침과 실질적 문제들을 재구성하였다. 이 책은 부동산개발에 관한 학술적 측면에서 접근한 것이 아니라 대한민국 도시개발제도를 경험으로 분석한 현실적 대안에 가깝다. 따라서 현재 시점에서 지방정부가 추진하는 민관합동 도시개발사업이 지속 가능하도록 하는 제도적 장치의 마련에 단초가 되길 기원하는 마음에서 글을 쓴다.

필자는 20년 가까운 일반산업단지와 도시개발사업 경험을 바탕으로 주장하건데, 현재의 민관합동 개발사업이 High Risk High Return과 같은 고위험 투자사업인가에 대하여 의문을 제기하지 않을 수 없다. 도심지에서 추진되는 상당수의 민관합동 도시개발사업에 축적된 개발기술을 접목할 경우 리스크가 현저하게 낮거나 없다고 볼 수 있기 때문에 개발투자와 개발이익의 적용은 불필요하거나 부당하다고 생각한다. 설사 축적된 고도화 개발기술을 이용하였더라도 기술에 대한 정당한 대가의 지불이 타당하며 개발이익을 몰아주는 행위는 사회적 손실이고 개발기술자의 부도덕함이라고 생각한다. 도시개발기술 또한 모든 기술과 같이 널리 인간을 돕기 위한 기술로 활용되어야 하며 자신의 욕심을 채우는 수단으로 활용되어서는 아니 될 것이라 믿는다.

* * *

종합하면, 민관합동 도시개발사업은 민간참여자가 개발이익 전액을 시민에게 환원하는 "비영리 도시개발" 방식의 사업을 지방정부에 제안하고, 지방정부는 민간의 제안이 타당하다고 판단될 경우, "비영리 도시개발"을 협약하며, 당사자는 협의된 각자의 역할에 따라 사업을 고유 업무영역을 수행하며, 노동과 기술가치 그리고 신용제공 등의 정당한 대가를 지급받음으로써 도시개발이익 전액은 지방정부에 귀속되어 시민에게 환원될 것이다. “비영리 도시개발”은 공정하고도 투명한 도시개발사업의 시작이며, 비영리 도시개발로 인한 “개발이익 시민환원제”는 부동산 개발로 인한 부의 불평등 해소에도 일조할 것이다. 따라서 우리가 우리 사회를 사랑하는 만큼 행복한 대한민국이 되었으면 한다. 그리고 국내 디벨로퍼들도 투기적 개발이익보다 노력과 성과에 자부심을 느끼는 ‘비영리 디벨로퍼’로서의 변화와 양성을 꿈꾸었으면 한다.

“비영리 도시개발은 경제민주화를 위한 첫걸음에 불과하다. 노동·자본가치의 공정한 대가와 투기적 개발이익을 혼동하는 일은 우리 사회에서 사라져야 한다.”

| 목차 |

1

도시와 도시개발

1.1. 도시의 탄생과 발전

현대인의 삶에서 도시(都市)는 정치 · 경제 · 사회 · 문화적인 활동의 중심지역으로 인구 밀도가 높으며, 행정 · 사회적인 의미인 도(都)와 경제적인 의미인 시(市) 두 가지 의미를 가진 우리 삶의 터전이다.

도시란 인류의 역사이고 삶의 터전이다. 21세기 현재 매일 20만 명 이상이 도시로 입성한다. 점점 더 많은 사람들이 도시로 이주한 결과 오늘날 도시에 사는 사람은 42억 명에 달한다. 이는 전체 세계인구의 절반이 넘는 55%에 해당한다. 도시인구는 21세기 중반인 2050년까지 68%에 이를 것이며, 약 30년 사이에 25억 명이 도시지역에 새로 정착할 것이라고 유엔 경제사회국(UN DESA)이 '2018 세계 도시화 전망 보고서'를 통하여 앞으로를 내다봤다. 대한민국의 2018년도 도시인구 비율은 81.5%로 2050년에는 86.2%까지 늘어날 것으로 추산했다. 특히나 수도권은 국토 면적의 11.8%

임에도 불구하고 2021년 3월말 기준 총인구의 50.28%, 2,600만 명이 살고 있는 메가시티이며 대한민국을 '메가시티국가'로 정의하여도 과언이 아닐 정도이다.

인류는 어떤 이유로 넓고 자유로운 자연 생활 방식을 버리고 비좁고 복잡한 도시환경에서 살아가기로 결정했을까? 역사학자 Ben Wilson은 그의 저서 Metropolis에서 인류가 도시를 체험하며 보낸 시간은 지구에서 지낸 시간의 지극히 일부분에 불과하다. 일류 최초의 농경사회 즉 가축화와 작물화가 가장 활발하게 일어났던 지역은 나일강과 페르시아만에 이르는 지금의 중동지역의 '비옥한 초승달 지대'로 약 1만 1천 년 전 예리코, 약 9천 년 전 차탈회위크, 약 6,000년 전 우루크처럼 수백 명에서 수천 명이 거주하는 정착촌들이 등장하였는데 이들이 모두 도시로 발전했던 건 아니다. 훌륭한 잠재력의 예리코나 차탈회위크는 수만 명이 살아가는 공동체가 되진 못했을 것으로 추정된다고 한다. 하지만 메소포타미아 남부는 이와 달리 한때 이 지역도 비옥한 습지대가 넓게 펴져 있었지만 약 5,000년 전 지구의 기온이 다시 상승하면서 습지대가 말라붙어 일대에 넓게 분포하던 농부들이 곤란을 겪음으로 인하여 우루크로 모여들게 되었다. 우루크인들은 많은 인구의 식량해결을 위하여 강에서 멀리 떨어진 곳까지 물을 대는 대형 관계시설을 구축하고 주변의 광활한 공간을 경작지로 조성하였다. 이후 우루크는 메소포타미아 남부의 인구를 흡수한 결과 메소포타미아 남부의 도시인구는 전체 인구의 90%에 이르는 방대한 공동체로서 인류 최초의 도시, 문명의 시원이 되었다.

인류가 기후변화에 대처하기 위하여 발명한 도시는 메소포타미아 주변 지역으로 퍼져 메소포타미아 남부에 니푸르, 우르 등 10여 개의 도시들이 생겨나면서 도시 간에 교류와 교역 활동이 시작되었으며, 반복적이고 지속적인 교역을 위한 화폐나 교역의 기록을 위한 문자의 발명 등과 과학적 혁명과 혁신을 토대로 문명을 만들었다. 이후 광범위한 도시들 간의 교류는 최초의 제국 '아카드'를 만들었으며, '아카트 제국'은 도시들을 지배하는 국가로 발전하였다.

로마와 장안, 바그다드 등은 세련된 도시문화의 진원지로서 수많은 사람들이 모여 살면서 미식이나 목욕탕, 극장 등의 문화를 발전시켰다. 또한 리스본과 암스테르담은 전 세계 국가들의 도시들을 연결함으로써 세계 경제 시스템을 만들었다. 15세기 최대의 도시는 베이징, 비자야나가르, 카이로, 항저우, 타브리즈, 가우다, 이스탄불, 파리, 광저우, 난징 순이었는데, 최대의 도시 베이징 인구는 약 67만 명에 이르렀다. 이후 18세기 중반 영국의 산업혁명으로 도시는 더 많은 인구를 부양할 수 있는 능력을 갖추면서 런던은 전례 없는 속도로 주변의 인구를 빨아들여 19세기 초 100만 명이 살아가는 메트로폴리스시대의 신호탄을 쏘아 올렸고, 19세기 말에는 뉴욕과 파리, 시카고, 도쿄, 상트페테르부르크, 맨체스터, 버밍엄, 모스크바, 베이징 등의 메트로폴리스가 탄생하였다. 도시인구 비율도 19세기 초까지는 약 3% 정도였으나, 20세기 초반에는 20%까지 커졌고, 다시 100년이 지난 오늘날에는 55%, 42억 명이 도시에 거주하며, 2050년! 지금으로부터 30년 동안 25억 명이 도시로 이주할 것으로 '유엔 경제 사회국'이 예측하고 있다.

Ben Wilson의 주장에 따르면 도시는 변화무쌍한 자연에 맞서 인간만의 예측 가능한 삶을 탐구하려는 목적으로 개발된 발명품이었고, 도시에서 출발한 혁신은 역사를 이끈 주요한 힘이 되었다. 도시가 갖고 있는 역동적 에너지는 주변 지역으로부터 수많은 인구를 빨아들이는 구심력이 되었다고 한다.

인류의 발명품 도시의 역사, 그리고 유엔의 30년 후 예측과 같이 인구 10명 중 7명이 살아가야 하는 미래도시와 3명이 살아갈 시골과 자연은 어떤 모습일까? 우리 인류는 넓고 자유로운 자연생활의 DNA를 가지고 있으면서도 짧은 시간에 매우 좁고 불편한 도시생활을 경험하였다. 그럼에도 불구하고 점점 더 많은 사람들이 도시로 모여들고 있는 건 도시가 단점을 상쇄하고도 남을 매력과 인간의 삶을 윤택하고 풍요롭게 할 수 있다는 희망이 있기 때문이다.

1.2. 시대적 도시

1.2.1. 고대도시

선사시대나 고대도시들은 강 주위 넓은 평야 지대에서 먹고살기 편한 곳을 기준으로 장기간에 걸쳐 형성되기 시작하였다. 하지만 그리스나 로마와 같은 곳은 자연촌락을 이루고 살던 3-4개의 부족들이 공동의 방어를 위하여 도시중심 집주(集住, 시노이키스모스(Synoikismos))를 통하여 이루어졌으며 일거에 도시가 건설되는 형태로서 부족장들이 돌아가며 집주를 주도했다.

집주를 주도했던 부족장들은 스스로 무장을 갖추었던 전사이며 정치, 군사적 실권을 장악한 대지주 귀족이었고, 클레로스 평민과 다수의 노예 계급과 이민족 상인(商人)계급으로 구성되었다. 평민들은 귀족의 자의적인 권력 행사로 말미암아 정치적으로 소외되었을 뿐 아니라 때로는 할당지 또는 세습지를 몰수당하는 위험에 시달리기도 한 도시국가였다. 그리고 대부분의 고대도시는 지리적인 의미에서 뿐만 아니라 정치, 군사 및 종교적 공동체였다.

고대 도시의 발생은 기원전 7,000~8,000년경 농경에 접합한 티그리스, 유프라테스, 나일강, 인더스강, 황하강 하천 유역을 중심으로 형성되었다. 주요 고대도시발상지는 B.C. 5,000년경 시작된 수메르문명 하에서 도시국가가 형성되어 B.C. 2,700년경 Ur, Uruk, Agade 등의 도시국가와 바빌로니아 왕국의 거점 Babylon, 앗시리아의 Nimrud와 Nineveh, 그리고 B.C. 518년 페르시아제국 수도 Persepolis, Susa와 Ephesus 등의 교통요충지 도시가 고대 중동지역 메소포타미아강 유역에서 발생하였고, 나일강 유역에서는 B.C. 3,100년경 고대왕국의 수도 Memphis, 중앙국 시대 수도 Thebe, 그리고 알렉산더 대왕에게 정복된 후 헬리니즘 세계에 편입된 Alexandria이 생겨났으며, B.C. 2,000년경 인더스강 하류에서는 Harappa와 상류에서는 Mohenjo-daro가, B.C. 770년경 황하유역 하남성, 낙양, 장안, 성도, 건업 등의 고대도시가 생성되었다. 그리스시대에 들어와서 아테네, Hippodamus의 격자형 가로망 개념을 도입한 신도시(Miletus, Byzantium, Neapolis, Alexandria)와 로시시대에는 Roma, A.D. 330년경 Byzantium(천도 후 Constantinople 개명)이 대표적인 고대도시이다.

고대도시 특징으로는 메소포타미아 고대도시는 신권통치를 위한 지배 공간이며 소비의 중심지로 도시 내부에는 사원과 신전, 왕궁과 개인 주택으로 구성되어 있고 Ziggurat 등의 많은 상징적 구조물들이 특징이다. 이집트 고대도시는 태양신을 숭배하며 동쪽은 生者를 위한 공간으로 서쪽은 死者를 위한 공간 구성과 종교관의 영향으로 피라미드와 신전 건설에는 석재를 사용하고 왕궁과 주택은 점토벽돌을 사용하는 특징이 있다. 그리고 그리스의 도시국가들은 고전적 민주체계가 도시계획에 구체화된 민주적 성격의 자치도시로 Acropolis(the upper city)는 도시 중앙의 낮은 언덕에 위치하며 신전 등 종교 건축물들이 입지하고 재난 시 시민들의 피난처로 활용되었으며, Astu(the lower city)는 일상적인 상업 활동과 시민을 위한 일반 행정 기능을 담당하는 구조가 특징이다. 시민들은 성벽으로 둘러싸인 도시 안에는 Astu와 격자형 가로망으로 연결된 Agora 광장에서 정치, 경제 활동 등 시민들의 공공활동과 사교가 이루어지는 공간으로 활용되었다.

그리고 중국의 고대도시 조성의 원리는 周禮[考工記], 左祖(宗廟), 右社
주례 고공기 좌조 종묘 우사
(社稷), 前朝(朝廷), 後市(市廛)으로 우리나라나 일본의 고대 도성건설에
사직 전조 조정 후시 시전
도 적용되었다.

1.2.2. 중세도시

중세 서구 도시는 지적 발효와 경제적 변화의 중심지로 중앙권력에 대한 반대의 중심지가 특징이며, 중국은 행정의 중심지이자 제국의 축소판인 성격이 특징이다. 유럽의 중세도시 형성과정은 로마제국이 멸망한 후 약 500년간 유럽도시문명은 급격하게 쇠퇴하였고 장원제에 기반 한 폐쇄적 지역공동체 형태로 유지되었다. 이슬람 세력의 지중해 장악으로 도시

간의 교역이 단절되었으며 이민족의 침입과 약탈이 성행하였다. 11세기 후반부터 정세가 안정되어 경작면적이 확대되고 농업기술이 발전하여 베네치아, 피렌체, 파리, 런던은 2만에서 4만 명까지 인구와 도시 수가 크게 증가하였고 13세기 무렵에는 상공업을 기반으로 성장한 유럽도시들은 도시 동맹체를 구성하는 등 일부 상인과 장인들이 길드(Guild)를 결성하여 주변 농촌의 상공업의 금지 등 도시 길드의 특권을 봉건영주·국왕으로부터 보장을 받고 중개무역이나 수공업 생산으로 이윤을 확보하였다. 길드의 가입은 '형제의 맹세'와 같은 서약단체로서의 특징과 시민권 획득과 같은 특권적 성격을 띠었다. 다만, 시민이 된다는 것이 도시 거주 외에 공공(公共)의 이해(利害)와 책임의 분담, 외부에 대해서 공동체도시를 지키는 의무도 포함되었다. 그리고 이 시기 중세도시는 대학, 병원, 고아원 등의 각종 공공편익시설을 갖추기 시작하였으며, 610년경 이슬람의 창시로 강력한 통일왕조가 탄생하여 아라비아, 북아프리카, 이베리아반도를 점령함에 따라 메디나, 메카, 바그다드, 마그레브, 카이로완, 코르도바 등의 이슬람 도시가 발전하였다.

중세도시들의 특징들로는 유럽의 경우 로마도시는 격자형 체계를 유지하며 수도원과 대규모 촌락에서 도시가 성장하였는데 이는 사전 계획에 따라 건설된 요새(Bastides)도시로서 교역의 거점 역할을 담당하였다. 성벽과 대규모 사원이 도시공간의 주된 요소로 시장을 중심으로 직물, 화공, 도공, 대장간 등 업종별 종사자들이 집단거주 하였으며 도심광장 주변에 시청, 성당, 상공회의소, Guild Hall 등이 좁고 불규칙하게 방사순환형 가로체계로 모든 동선은 중앙의 시장이나 교회 광장에 집중된 것이 특징이다.

한편 이슬람 중세도시는 기후조건과 종교의식, 생활양식 등 이슬람 경전에 따른 문화가 발전하였다. 주거는 중정을 지닌 주택이 서로 연결되고 밀집된 형태이고 Mosque, 공중목욕탕, 상가(Bazaar), 성채 등의 상징적 건축물이 도시를 구성하는데 대부분 비계획적인 유기적 성장도시 형태이다. 그리고 종교집회, 교육(Madrasa)과 상업을 도시의 주요 기능화한 특징이 있다. 한편 아시아권에서 중국은 주례고공기(周禮考工記) 등 도성 제도를 도시 건설과 확장에 적용하여 일정한 양식의 계획적 도시로 조성하는 한편 중앙집권적 행정 중심의 왕도 관아도시 성격이 강했다.

1.2.3. 근대도시

14세기 이후 근대 유럽도시는 르네상스운동으로 도시에 미를 추구하며 도시의 개조와 발전에 지대한 영향을 미치며 새로운 도시산업과 문화 창조의 거점적 기능을 수행하였다. 런던, 파리, 베를린, 비엔나, 페쩨르부르그 등 각국의 소도가 영주중심의 지방분권체제에서 근대국가 체제로 변화하면서 수도의 확대와 신수도 건설을 경쟁적으로 추진하였다. 19세기 후반에는 철도 등의 교통수단 도입은 국제박람회 등 도시의 혁신을 불러오기에 충분하였다. 중국은 산업화 지체로 19세기 중반까지 유럽열강의 침략과 내부의 혼란으로 근대도시로의 발전이 지체되었고 외세의 압력으로 문호 개방 후 유럽식의 근대도시가 형성되기 시작하였으며, 일본은 1600년대 도쿠가와 막부 시대에 요새의 성곽도시에서 경제, 행정거점 기능의 평야 지대 도시로 변화하면서 명치유신 직전 에도에서 동경으로 개명한 100만 명의 메가시티 도쿄가 탄생한다. 전국시대 무사계급의 정치적, 군사적 도시이자 소비의 중심지인 죠오카마치(城下町)의 특징은 방어를 위한 수계를 이용하고 군사적 이유로 좁고 굴곡된 도로망과 신분과 직업에 따라 거주를 분할하는 지역체 설정이 특징이다. 그 외 신사나 절을 중심으로 하는 몬젠마치(門前町), 도로교통의 요충지로 발달된 슈쿠바마치(宿場町), 해운업 요충지 미나토마치(港町), 온천 휴양도시 온센마치(溫泉町)가 일본 근대도시로 발달하였다.

한국의 근대도시는 1394년 수도 한양 건설부터 시작되었다. 주례고공기(周禮考工記)의 도시건설원리가 적용되었고 도성 내 토지는 신분에 따라 배분되었으며 행정, 군사, 교통의 요지에 형성돼 소비도시 기능을 하였다. 당시 한양의 방어를 위하여 개성, 강화, 화성, 강주에 4개의 유수부를 설치하였으며, 화성은 1796년 준공한 계획적 신도시였다. 일제강점 후 인천, 목포, 군산, 부산, 마산, 신의주, 원산, 청진 등의 도시가 발전하였다.

고대도시가 신전을 중심으로 한 신권통지와 집주를 주도했던 부족장들에 의한 도시라면, 중세도시는 왕과 영주 그리고 특권적인 상인 길드의 도시였음에 반하여 근대도시는 공업생산을 기반으로 하는 전형적인 자본주의 도시라고 할 수 있다. 고대도시는 집주들에 의한 군사력을 배경으로 지대나 조세제도로 공공비용을 확보하였으나, 중세도시에 와서도 영주나 대주교의 대가계(大家計) 형태로, 봉건영주와 길드라는 특권층이 상업을 중심으로 공공비용과 이득을 획득하였다. 그리고 근대도시의 경우에 도시로부터 공업 생산물과 농촌지역의 농산물이 일방적인 관계가 아닌 서로 간의 등가교환(等價交換) 되었다고 할 수 있다. 따라서 근대도시의 특징은 시민의 이동권의 자유와 자격이 신분적으로나 또는 단체적으로도 폐쇄적

이지 않고 사회적으로 상당 부분 개방되어 있다는 점이다. 근대사회는 자본주의적 생산방식의 발달로 도시가 급격하게 팽창 발전하여 사회 비중이 증대됨으로 농촌인구가 도시로 이주하여 생산노동자나 그 밖의 직업에 종사하게 되는 특징을 들 수 있다.

근대 도시문화 환경의 특징은 르네상스 시대가 도래한 것이다. 이상도시에 관한 논의가 시작되어 고전건축양식의 재생으로 도시모습이 변화하였으며 직선광로 대장축을 중심으로 Terminal Vista(단경, 端景)효과 도입으로 도시미관이 완성되었다. 교회, 상가, 주택이 에워싸며 새로운 광장이 공용공간으로 만들어졌으며, 시제로 베네치아 방어를 위하여 별모양의 Palma Nova 신도시를 만들기도 했다. 근대 중기를 넘어가면 유럽은 증권거래소, 백화점, 은행 등의 도시 내 상업기능 확대와 더불어 신시가지 조성 시 도시경관과 건축미보다 금전적 이윤을 우선시하였으며 산업혁명 이후 공업, 상업, 주거 기능이 혼재되어 심각한 도시문제가 발생하였다. 이후 진보적 사상가와 사회개혁가들이 도시와 농촌의 장점결합, 노동자의 생활환경개선, 협동조합 형식의 공동체 운영 등 도시생활 환경개선을 제시하였다. 한편 미국은 격자형 가로망체계, 공용공간의 확보, 사각형의 단위가구 등의 초기 미국의 도시구조에서 1785년 미연방정부가 토지법령을 제정하고, 산업혁명 이후 도시공원조성, 도시미화운동(City Beautiful Movement), 사유재산에 대한 공공규제강화, 지역지구제(Zoning) 등을 도입하였다.

1.2.4. 현대도시

1900년대를 기점으로 세계의 도시들은 급격한 산업화와 교외화를 경험하는 한편 1919년 경제대공황과 두 번의 세계대전에도 불구하고 도심 성장이 활발해져 고밀화되면서 도시계획가가 등장하였다. 자동차산업의 제조혁신과 보급으로 대중교통수단이 발달하면서 도시권역의 확산에 기여하였으며 엘리베이터와 건축 그리고 토목기술의 발전으로 마천루 경쟁이 본격화한다. 현대도시는 산업주의와 금융자본주의가 고도화되면서 자본의 집중은 더욱 심화됨으로써 세계의 도시는 더욱 거대화되어 가고 있음이 현대도시의 커다란 특징이라고 할 수 있다. 이러한 대도시는 세계화 되면서 대기업의 본사 등이 집결하여 정보처리와 정책결정이 행해지는 이른바 화이트칼라 집단의 관리기능이 집적되고 있다는 점이 특색이다.

현대사회에 있어서 대부분 도시와 촌락을 구별하는 기준으로 인구수(人口數) · 인구밀도 · 산업별 인구구성(産業別 人口構成) 등을 들 수 있다.

인구수의 면에서 보면 도시는 촌락에 비하여 큰 인구집단을 이루는데, 도시인구의 기준은 덴마크와 아이슬란드에서는 250~300명 이상, 프랑스 · 독일 등에서는 2,000명 이상, 미국 · 타이에서는 2,500명 이상, 일본 · 한국에서는 5만 명 이상으로 정하는 등 기준이 나라에 따라 크게 다르다. 또한 인구밀도도 촌락에 비해 도시가 높다. 그러나 도시의 인구밀도는 그 나라의 국민소득이나 기후 환경과 관계가 있다. 시가지 면적에 대한 인구밀도를 보면 1㎢당 미국 · 캐나다가 2,000명 내외, 영국 · 프랑스 · 독일 등 서유럽 국가가 4,000~5,000명, 일본 · 말레이시아 등 동남아시아 국가가 1만~2만 명, 스리랑카 · 모로코 등이 3만 명이며, 인도가 3만~6만 명 이상의 높은 인구밀도를 나타낸다. 한편, 도시는 산업 구성이나 행정, 생활양식, 도시적인 시설 등의 면에서 농촌과 다른 특색을 가진다. 제1차 산업은 원칙적으로는 포함되지 않고, 주로 제2차 및 제3차 산업 인구로 되어 있다. 또한 도시는 그 생활양식이 다양하고 복잡하며, 기계화되어 있고 인공적 환경이 탁월하여 인구·사회 구성 등에서 이질적 요소들을 많이 내포하고 있다. 또한 주민생활에서는 사회적 분화와 지역적 이동이 많고, 사회적 관계는 그 범위가 넓으며, 그 결합관계가 비인격적·일시적·형식적이다. 한국에서는 인구 2만 이상과 5만 이상으로서 도시 형태를 갖춘 곳에 각각 읍제(邑制)와 시제(市制)를 실시하고 있으며, 거대도시에는 광역시·특별시 등 도시 규모에 맞는 행정조직을 실시하고 있다.

모더니즘은 사실주의 비판에서 시작되었다. 기존 교회의 전통적 권위에 대하여 성찰과 비판을 가하고, 과학과 합리성에 따른 자유와 평등을 중시하며 개인주의 입장을 포방하지만, 집단에 따라서는 기계문명과 도시적 감각, 도시생활의 미학적 근대주의와 서양 미술의 보편적 감각 같은 현대풍 추구를 의미한다고 볼 수 있다. 이러한 모더니즘은 문화, 예술, 산업을 비롯한 거의 모든 사회분야에서 이성 중심의 본질을 추구하는 엘리트주의 경향을 보였다. 모더니즘의 특성은 도시에서 잘 나타난다. 도시는 인간에게 필요한 문화, 예술, 교육, 상업, 공공관청과 여가활동 등의 특성을 모두 결합한 공간적 실체로서 도시 거주민에 대한 삶의 질적 향상이 필요함에 따라 새로운 도시질서 사회운동에서 출발하여 도시문제 중 주택문제 해결을 목적으로 모더니즘이 본격적으로 전개되었다. 그리고 자본주의화로 세계의 도시가 대규모로 팽창하면서 발생하는 지속적인 이농현상, 산업화,

기계화 같은 물리적 환경 변화에 대한 정치, 사회적 대응 확대 등이 토대가 되어 모더니즘은 번성한다.

산업혁명은 농촌 인구의 도시 유입으로 급격한 도시 인구증가와 도시 팽창을 가져왔고 그에 따라 발생한 비위생과 과밀문제가 심각한 상황에 이른다. 더불어 생산과 교통수단의 발전으로 도시에 새로운 기능들이 다양하게 출현함에 따라 에베네즈 하워드(Ebenezer Howard)의 전원도시운동과 같은 대안적 도시와 같이 새로운 사회질서와 도시환경을 추구하게 된다. 이와 같은 인구증가와 구조적 변화과정은 공중위생법, 건축 조례, 공상적 사회주의자들의 이상도시(Ideal City) 제안 등의 개혁 조치들을 통해 도시문제 중 주택문제를 제일 먼저 고려하게 하였고, 이러한 도시문제를 해결하기 위한 노력에서 출발한 도시계획은 영국에서 먼저 출발하여, 이후 하워드의 전원도시와 르 꼬르뷔제(Le Corbusier)를 필두로 하는 국제주의를 통해 보다 명확해졌으며, 미국에서는 도시미화운동과 '초등학교', '근린 상점', '소공원 · 레크레이션 시설' 등을 핵심으로 하는 클래런스 페리(Clarence Perry, 1872~1944)의 근린주구론(Neighborhood units) 등을 통해 실현되기 시작하였다.

도시에서 모더니즘의 도시계획과 용도지역제는 미국 도시의 많은 다양성을 파괴하여 획일적이고 단조로운 도시로 전락했다고 비판하며 모더니즘시대 도시의 표준화와 단순화 효율성 추구에 반론을 제기하였다. 산업화시대에 도시 문제와 사람들의 추구에 따른 이상도시, 그리고 근대 도시계획법의 재정을 시작으로 전원도시론, 국제주의, 도시미화운동, 근린주

구이론 등이 생성되었으며, 이후 모더니즘 사상에서 한걸음 더 나아간 포스트모더니즘과 함께 환경, 문화, 예술, 삶의 질, 차별성 등이 추가된 지속가능한 개발이라는 틀 아래 'Smart Growth', 'New Urbanism', 'Compact City', 'Urban Village'와 같은 이론들이 나타나게 된다.

2

조지주의(Georgism)와 지공주의(地公主義)

우리나라에서 토지공개념은 토지의 수익과 소유는 공공의 이익을 위해 법률로 제한 할 수 있다는 개념으로 우리 헌법 제23조는 "재산권 행사는 공공복리에 적합해야 한다."라고 규정하고 있으며, 제122조에서는 "국토의 효율적 이용을 위해 법률이 정하는 바에 의하여 제한과 의무를 과할 수 있다."라고 규정하고 있기에 사실상 이 두 조항이 토지공개념을 상당히 포함하고 있다고 본다. 반면에 토지공개념에 대한 반대론자의 입장에서는 우리 사회에서 빈부격차 등의 병폐 해소가 아무리 중요하다고 하더라도 대한민국의 경제 질서에 관한 대원칙인 사유재산권과 자유시장경제보다 먼저일 수는 없다고 주장하며 그 근거로 헌법 제23조 "모든 국민의 재산권을 인정한다." 제119조 "대한민국의 경제 질서는 개인과 기업의 경제상 자유와 창의를 존중한다."라고 규정하고 있는 바, 토지공개념은 국가권력이 과도하게 사유재산권을 침해할 수밖에 없다는 이유를 근거로 삼는다. 또 다른 이유는 세금확충을 위한 꼼수라는 지적인데, 세금을 더 안정적으로 확보하기 위해 토지공개념을 개헌에 포함하고자 한다는 주장이 있다.

조지주의(Georgism)는 지대와 빈곤의 상관관계에서 단일토지세(Single tax)의 중요성을 강조하는 학파로, 대한민국에서는 지공주의(地公主義)라 한다. 토지가치세(Land Value Taxation)는 토지소유자만이 독점하는 지가 상승에 대한 불로소득(Unearned Income)을 국가가 환수하여 국민 전체의 편익을 위해 사용해야 한다는 사상으로 지대(Rent, Economic Rent)라는 형태로 토지소유자에게 부과하는 세금이다. 이와 같은 토지세 세금체제는 영국 자유당 내각(윈스턴 처칠과 데이빗 로이드 조지)이 1909년 입안했던 국민예산(People's Budget)이 최초로서 토지소유자는 아무런 노력 없이 토지의 가치 상승을 지대라는 명목으로 사유화하는 것을 부당한 특권으로 규정하였다. 따라서 토지 소유자는 부당한 특권에 대한 사용료를 납부할 사회적 의무가 있고, 국가는 토지의 불로소득 환수를 위하여 토지의 가치에 비례하여 토지소유자에게 토지가치세를 부과한다는 내용이다. 이와 같은 개념을 일컬어 토지공개념이라고 부른다. 최초의 토지공개념은 미국의 경제학자 헨리 조지(1839~1897)가 1897년 출간한 『진보와 빈곤』에서 "사회가 눈부시게 진보함에도 불구하고 극심한 빈곤이 사라지지 않는 이유 그리고 주기적으로 경제 불황이 닥치는 이유는 지가상승과 같은 불로소득이 토지소유주에게만 귀속되기 때문이고, 이와 같은 소득의 불균형 원인은 토지사유제 때문이라고 주장하였다. 이 문제를 해결하려면 정부가 지대 징수를 최우선적 세원으로 삼아야 한다."라고 주장하였다. 즉 토지를 "공공의 재산"으로 만들어야 한다고 주장하였는데, 매우 급진적 주장이라고 들릴 수 있다. 하지만 헨리 조지가 주장하는 토지에 관한 "공공의 재산" 개념은 북한이나 중국과 같은 공산주의 국가처럼 모든 토지를 국가가 몰수하여 국민이나 기업에게 빌려주는 형태의 국토 국유화와는 엄연하게 다른 개념이다.

헨리 조지는 "공공의 재산" 개념에 대하여 "나는 토지를 압수(몰수)할 것을 제안하지 않는다. 첫 번째, 부당하며, 두 번째 불필요하다." 따라서 토지는 계속적으로 지주들의 소유로 하여야 하며, 사고, 팔고, 남겨두고, 고안하게 하여야 한다. 다만, "이윤을 몰수할 필요가 있다."고 주장하였다.

그리고 토지의 권리를 3종으로 분류하였는데 토지를 사용하는 "사용권"과 토지를 팔고 사는 "처분권" 그리고 토지에서 발생한 수익을 얻을 "수익권"으로 구분하였다. 사용권과 처분권에는 제한을 두자고 하지 않았지만 수익권에는 제한을 두어 토지가격 상승 등의 불로소득은 국가가 회수하여 빈부격차 해소를 위한 공공재원으로 사용되어야 한다는 주장이다.

토지는 인간의 삶에서 필수적인 요소이지만 토지 자체가 스스로 무언가를 생산하는 것이 아니고 토지에서 발생하는 모든 소득은 그곳에 투하된 노동력의 결과물로 농업 생산물은 토지에서 얻어지는 것이 아니라 인간의 노동력이 변화한 생산물이기 때문이다. 문제는 토지 자체의 가치가 노동력의 가치보다 높이 평가됨으로써 발생하는데 이는 토지의 부증성으로 인하여 그 가격이 계속 오르기 때문이다. 지가의 상승은 토지의 부증성 외에도 도시화로 인하여 토지 주변에 도로, 공원 등의 사회기반시설 등의 설치로 입지 여건이 상승될 경우, 오름세는 더욱 가속화 한다. 결국 토지주는 소유했다는 이유만으로 재산이 불어나는 데 비하여 농업 노동자의 소득은 정체되어 있으므로 소득의 불평등으로 부의 불균형이 발생됨으로 이를 해소하기 위하여 주장한 것이 토지에 대한 "공공의 재산" 개념이다.

우리나라의 토지공개념은 1977년 8월 제4공화국 당시 신형식 건설부장관이 “우리나라와 같이 좁은 땅덩어리 안에서 토지의 절대적 사유물이란 존재하기 어려우며, 주택용 토지, 일반농민의 농경지를 제외한 토지에 대하여 공개념의 도입이 필요하다.”라는 주장으로 불안정하게나마 제도 안으로 들어와 법적 기반을 갖추기 시작한 것은 노태우 정부 때이다.

1980년대 말 급격한 경제성장으로 인하여 서울과 수도권을 중심으로 부동산 가격이 폭등하였고, 토지의 가치상승에 따른 이익은 모두 토지주에게 귀속되면서 빈부의 격차가 더욱 크게 발생하였는데 당시 상위 5%에 해당하는 토지주가 전국 사유지의 65.2%를 소유하고 있었을 정도라고 한다. 이에 노태우 정부는 택지소유상한제, 개발이익환수제, 토지초과이득세 등의 토지공개념 3법을 도입한다.

“토지초과이득세”는 개인이나 법인이 소유한 비업무용인 토지의 가격이 상승하면서 발생하는 초과이득에 대하여 이득의 일부를 조세로 거둬들이기 위해 부과하는 세금을 말한다. 토지초과이득세는 불필요한 토지를 소유하는 것과 토지 소유가 편중되는 것에 의한 부작용을 막고, 토지가격을 안정시키며, 효율적 토지 이용을 목표로 하여 1989년 제정되어 1990년에 시행되었다. 이 세제는 3년 단위로 유휴토지의 지가상승분에 대한 30~50%를 세금으로 부과하는 것인데, 실현되지 않은 이익 과세라는 논란과 세금을 어떻게, 얼마나 걷는지 결정하는 방법에 따라서 토지초과이득세 납부 여부와 금액이 결정된다는 단점에 더하여 양도세와의 이중과세 문제를 해결하지 못한 점도 문제가 됨으로써 1994년 헌법불합치 결정으로 1998년에 폐지되었다.

“택지소유상한제”는 택지를 소유할 수 있는 면적의 한계(특별시·광역시의 1가구당 택지 소유상한을 200평으로 제한)를 정하여 국민이 택지를 고르게 소유하도록 유도하고 택지의 공급을 촉진함으로써 국민 주거생활 안정 도모를 목적으로 제정되었다. 하지만 국민은 각자의 인생관과 능력에 따라 자신의 생활을 형성할 수 있는 권리를 가지고 있다. 특히 택지는 인간의 존엄과 가치를 가진 개인의 주거로서 국민 개개인의 행복과 쾌적한 주거생활을 실현하는 장소이다. 따라서 이러한 장소의 소유 상한을 지나치게 낮게 책정하거나, 소유목적이나 택지의 기능에 따른 예외를 전혀 인정하지 아니한 채 일률적으로 200평을 초과하는 택지를 취득할 수 없게 하는 것이 택지공급 정책의 일환이라고 하더라도 과도한 제한이라고 보았으며, 직접적인 면적 규제로 시장의 기능을 왜곡했다는 이유에서 1999년 위헌 결정이 내려졌다. 그리고 "개발이익환수제" 또한 규제완화와 규제강화를 지속적으로 반복하면서 당초의 취지와 의미는 상당히 위축되었으며 결국 토지공개념은 현실의 벽에 부딪혀 이론과 개념만 남긴 채 뿌리를 내리지 못했다.

2003년 노무현 정부에서도 부동산 시장을 안정시키기 위해서 종합부동산세와 주택거래허가제를 도입한 적이 있으나 1980년 이후 토지공개념은 헌법적 가치를 구현하지 못하고 여전히 이론의 영역을 벗어나지 못하고 있다. 2015년을 기준으로 한국 전체 토지가격 합계액이 국내 총생산 대비 4.2배로 OECD(경제협력개발기구) 회원국 중에 가장 높은 수준인데, 땅값이 비싼 일본보다도 2배 가까이 높은 수준이라고 한다.

토지공개념을 정책화한 다른 나라의 사례를 살펴보자.

토지공개념을 도입한 나라로는 "평균지권(平均地權)"을 헌법에 명시한 대만(中華民國, Republic of China(ROC))이 있다. "평균지권"은 '지권평균'이라고도 하며, 쑨원(孫文)이 삼민주의를 제창한 초기에 민주주의를 실현하기 위한 구체적인 정책으로서 평균지권과 자본절제를 주장하였다. 이 가운데 평균지권은 주로 도시의 땅값이 오름으로써 일부 사람이 부당한 이득을 취득하는 것을 방지하기 위해 토지 소유의 균등화를 꾀한 것인데, 이 정책은 비록 봉건적 토지 소유의 완전한 폐지를 의미하는 것은 아니었으나 종래의 고전적 부르주아 민주주의의 틀을 깨뜨려 신생 중국에 민주적 토지개혁의 길을 열어주었다고 평가 받고 있다. 하지만 중국(中国, 중화인민공화국, 간체자 : 中华人民共和国, 정체자 : 中華人民共和國, People's Republic of China)은 사회주적 토지정책을 시행하고 있으며, 쑨원의 삼민주의 평균지권을 승계한 나라는 '대만'이다. 대만은 부동산과 관련하여 비교적 투명하게 제도를 정비하고 있다고 평가를 받고 있다. 헌법의 "평균지권(平均地權)"은 토지는 모든 국민의 소유이므로 모든 국민이 골고루 보유하고 특정 사람이 지나치게 많이 소유하지 않는다는 내용으로 4가지의 원칙을 두고 있다. 첫 번째 원칙은 "규정지가(規定地價)"로 모든 토지의 가격을 정부가 결정한다. 두 번째 원칙은 "조가징세(照價徵稅)"로 정부가 결정한 토지가격에 따라서 세금을 부과한다. 세 번째 원칙은 "조가수매(照價收買)"로 정부가 정한 토지의 가격보다 토지를 가진 사람의 신고가격이 80~120%를 초과할 경우 정부가 토지를 매수한다. 마지막 네 번째 원칙은"장가귀공(張價歸公)"으로 토지의 가격이 별다른 노력 없이 높아지면 높아진 가격만큼을 공공귀속 등 사회에 환원하고 상승분에 토지증가세를 부과한다는 원칙으로 구성되어 있다.

스페인 헌법에도 토지공개념을 담고 있는데 "국민의 적절한 주거권을 보장하기 위하여 투기적인 토지 사용에 규제가 필요하다."고 규정하고 있고, 공공기관에 의한 도시계획은 사회적으로 이익을 주는 행위로 이해하고 이에 따른 편익을 각 지역사회가 향유할 권리가 있음을 명시하고 있으며, 핀란드 헬싱키는 토지의 60%가 헬싱키 지방정부 소유이고, 임대료가 시(市) 1년 예산의 15% 수준이다. 핀란드에서 모든 공공토지는 공공토지임대법의 적용을 받고 있다. 그 외 영국과 홍콩, 싱가포르 등의 국가들이 "토지공공임대법"을 적용하고 있고, 덴마크, 뉴질랜드, 미국의 일부 주에서는 "토지가치세"와 "지대조세제"가 헌법이나 법률로 명시되어 있다.

2020년 12월 31일 기준 행정안전부 주민등록 인구통계에 따르면 우리나라는 2,603만 명이 서울과 경기, 인천 등 수도권에 거주하는 도시국가에 가깝다. 전체인구의 50.2%가 수도권에 거주하는데 대한민국의 서울과 경기, 인천 등 수도권은 하나의 대규모 도시로 보아도 될 것이다. 반면에 2020년 출생자는 27만 5,815명이고 사망자는 30만 7,764명으로 사망자가 출생자보다 많아 인구가 자연감소하는 인구 데드크로스 현상이 처음으로 나타났고, 2020년 통계청 자료에 따르면 합계출산율이 0.84명으로 OECD 평균 1.63명 보다 낮은 압도적인 출산율 꼴찌를 기록하고 있으며 인구의 자연감소는 우리 사회에 특히 미래세대에게 너무나도 많은 문제들을 야기할 것으로 예상된다. 그럼에도 불구하고 2020년 인구통계에서 1인 가구의 급증으로 역대 최다 세대 수 증가를 기록했다. 2020년 말 세대 수는 2,309만세대로 1인 가구는 2019년보다 57만 4,741가구(6.77%) 늘어난 906만 3,362가구로 처음으로 900만 가구를 돌파했다. 또한 전체인구에서 1인가구가 차지하는 비중도 39.2%로 가장 높았으며, 여기에 2인가구까지 더하면 1, 2인가구가 전체 가구의 62.6%로 전반을 훌쩍 넘는 것으로 나타났으며, 평균 세대원 수는 2.24명으로 사상 최저치를 기록했다.

지금 우리의 도시는 인구 변동과 같은 시대현상을 반영하고 삶의 질을 향상할 수 있는 미래도시를 준비하여야 한다. 수도권의 집중화와 지방도시의 공동화 현상은 지금 우리 사회가 해결해야 할 중요한 과제로 부상한지 오래이다. 도시의 개발은 시간이 갈수록 이해관계의 복잡성과 인구 구조의 다양성으로 인한 사회현상 변화 및 절차적 규제 등으로 더 많은 시간과 노력을 필요로 하고 있다. 지금의 대한민국 도시개발은 법률로 규정한 개발이익 환수와 토지공개념에 기초한 국가주도의 공공개발 그리고 시장경제와 주민자치 중심의 민간(조합)개발이 주류를 이루어 왔고, 2000년을 전후하여 공공과 민간의 장점을 결합한 민관합동 개발방식 등 3가지 방식으로 추진되어 왔다. 국가 주도의 공공개발은 지방정부가 필요로 하는 주택공급과 인프라를 제공해 준다는 공익성이 존재하는 반면 민간개발은 주민자치의 장점에도 불구하고 과도한 개발이익이 특정 민간에게 귀속되어 도시개발의 공공성 훼손의 문제가 발생되었다. 최근 민간개발의 대안으로 추진되어온 민관합동방식의 도시개발 또한 특정 민간에게 천문학적인 개발이익이 귀속됨으로 사회적 문제를 야기한 바 있다.

앞서 살펴본 바와 같이 우리 헌법은 시장경제체제의 사유재산의 보호와 토지의 공개념을 동시에 담고 있다. 민관합동방식의 도시개발이 헌법의 시장경제와 개인의 사유재산보호에 따른 투자와 이익배당의 관점에서 출발하였기 때문이라고 생각한다. 하지만 우리헌법은 국민의 재산권 행사는 공공복리에 적합해야 하고 국토의 효율적 이용을 위해 법률이 정하는 바에 의하여 제한과 의무를 과할 수 있다는 토지공개념의 일부를 포함하고 있다. 따라서 지방정부(도시개발공사 포함)가 최대 출자하는 민관합동방식의 도시개발사업에 대하여 지금까지의 투자와 이익배당이라는 투자적 관점에서 벗어나 시민을 위한 공익적 개발이라는 인식의 전환이 필요하다. 따라서 앞으로의 민관합동방식의 공익적 도시개발은 개발이익이 시민에게 귀속되는 공공복리의 비영리 도시개발사업으로 추진되어야 할 것임이 타당하다고 본다. 그리고 비영리 개발이란 민관합동 도시개발에 참여하는 민간참여자는 근로, 기술, 자본에 대한 공정한 대가를 영위할 뿐 개발이익은 공익적 자산으로 소유는 시민이라는 것을 전제로 하기 때문에 지속가능한 도시발전을 도모하게 될 것이다.

"(모든 세금은 나쁘지만) 세금 가운데 가장 덜 나쁜 것은 오래전 헨리 조지가 주장한 바, 미개량 토지의 가치에 부과되는 재산세이다."

- 밀턴 프리드먼 -

"지주들은 일하지 않고도, 위험을 감수하지 않고도, 혹은 절약하지 않고도 잠자는 가운데도 더 부유해진다. 전 사회의 노력으로부터 발생하는 토지가치의 증가분은 사회에 귀속되어야 하며 소유권을 갖고 있는 개인에게 귀속되어서는 안 된다."

- 존 스튜어트 밀 -

"지대는 많은 경우 그 소유자가 관심이나 주의를 전혀 기울이지 않고도 향유할 수 있는 수입이다. 따라서 지대는 그 위에 부과되는 특수한 조세를 가장 잘 감당할 수 있다."

- 애덤 스미스 -

3

도시개발사업 주요사건들

3.1. 2021년 LH사태

2021년 3월 2일 참여연대와 민주사회를 위한 변호사모임은 대한민국의 국민주거안정 업무를 담당하는 공기업 한국토지주택공사(LH)의 전·현직 임직원들이 문재인 정부의 3기 신도시 중 최대 규모인 광명·시흥 신도시 사업지역에 100억(58억은 대출) 원대의 토지를 투기성으로 매입했다는 의혹을 제기하면서 LH사태는 시작된다.

참여연대의 주장에 따르면, LH직원은 투기성 토지 1㎡ 면적에 무려 나무 25그루를 심어 놨다고 한다. LH직원이 심어 놓은 왕버드나무의 적정 공간은 나무 1그루당 4㎡라고 한다. 한마디로 나무 1그루를 심어야 할 공간에 나무 100그루를 심어 놓은 것이다. 너무 촘촘히 심어 놔서 묘목을 심은 건지 상추를 심은 건지 구분이 어려울 정도라고 하며 참고로 정상적으로 묘목을 키우는 거라면 띄엄띄엄 심어 놓아야 한다. 안 그러면 지력

고갈로 상당수의 묘목이 죽는다. 이렇게 심어진 나무들의 보상액을 대략적으로 계산하면 1평당 100만원 정도로 LH직원들이 구입한 땅의 평수가 1,000평, 단순 계산해도 무려 10억이 넘어가는 묘목이장 보상액이 나온다. 10,000평이 되면 100억, 그 이상도 갈 수 있다.

그리고 이들은 4,000㎡ 가량의 면적을 4명이서 지분 쪼개기로 투자하기도 했는데, 대토 보상이 나오는 기준이 면적 1,000㎡ 이상이라는 점을 이용해 보상을 최대한 받기 위한 것으로 보인다. 후에 취재된 결과에 의하면 1,000㎡ 이상이면 아파트를 보상으로 받을 수 있다는 사실도 드러났다. 땅을 보면 썰어 놓은 떡처럼 4필지로 나눠져 있는데, 모두 땅과 맞닿은 길이 없어 투자가치가 떨어진다는 이른바 '맹지'로 분류된다. 주거용으로 짓자니 통행이 불편하고, 가게로 짓자니 손님은 가게를 잘 찾을 수 없어 말 그대로 신도시 개발로 인해 보상이라도 받지 않으면 투자가치가 없다. 그런데 활용도와 입지 메리트가 거의 없어 투자가치가 없는 땅을 이들이 사업계획 전에 매입한 것도 의심을 불러일으키고 있다.

처음으로 의혹이 제기되었던 시흥시 과림동 토지 매입자들은 전부 북시흥농협 과림지점 한 곳에서 대출을 받은 것으로 드러났다. 일부 직원들은 LTV 최대한도까지 대출을 끌어다 쓰는 이른바 '영끌'을 하기도 했으며, 그 과정에서 허위로 농업계획서를 작성해 농업인 자격을 얻어 농협 조합원이 된 것으로 밝혀졌다. 이렇게 이들이 북시흥농협에서 대출한 돈은 58억 원에 달하며, 북시흥농협은 해당 인원들이 LH 직원인 것을 알고도 대출을 승인했다고 인정했다. 북시흥농협 외에도 광명시흥신도시 예정지의 땅을 구입한 LH 직원들은 모두 시흥시 소재 농축협 2~3곳에서 대출을 받아 이들과 농협의 유착 의혹이 제기되었다. 농협중앙회는 북시흥농협에 대한 진상조사에 착수하면서도 "대출신청을 한 이들이 50대라면 은퇴 후 농사를 할 것이라고 생각했을 수도 있다"며 해당 농협을 두둔하는 모습을 보였다고 한다.

3.1.1. 배경과 원인

신도시 투기사건과 관련하여 가장 근본적인 원인은 개발방식에서 찾을 수 있다. 심각한 주택 문제를 해결하기 위해 1980년 택지개발촉진법이라는 것을 만들게 된다. 이 법에 따르면 정부가 비밀리에 구역을 결정하고, 구역이 결정되면 민간의 토지를 수용하여 개발하게 된다. 개인의 소유 개념이 명확한 선진국뿐 아니라 한국의 주택정책을 벤치마킹하려는 개도국에서도 이것만큼은 도입할 엄두를 내지 못할 정도로 강력한 법제도다.

법 제정 당시에도 주민한테 의견을 묻지도 않고 구역을 결정하고 수용하는 것이 너무 가혹한 게 아니냐는 지적이 있었다고 한다. 대부분의 국가에서는 도시개발을 하기 전 주민들과 꾸준히 소통하고 나서서 결정한다. 우리처럼 주민들한테 묻지도 않고 결정하고 수용까지 하는 사례는 거의 없다. 처음부터 주민들과 협의한다면 투기가 끼어들 여지도 상당히 줄어든다. 협의 과정에서 사업이 무산되는 사례도 나오고, 이 경우 미리 투기했다면 큰 손실을 볼 수도 있기 때문이다. "정부가 일방적으로 결정하는 관행과 이러한 정보를 소수만 알게 되는 비밀주의 때문에 지금의 LH 사태가 나왔다고 볼 수 있다."

LH 직원들의 부동산 투기 사건의 근본 원인과 배경은 다음과 같다.

정부가 일방적으로 결정하는 관행과 이러한 정보를 소수만 알게 되는 비밀주의가 있다. 때문에 일단 사업계획이 세워지게 된다면 이것이 거의 방해받지 않고 일방적으로 추진된다. 때문에 내부 정보를 알아낼 수만 있다면 이는 매우 가치 있는 정보가 된다.

범죄의 강한 동기성도 그 원인 중 하나. 일단 저지르기만 하면 엄청난 수준의 불로소득을 얻을 수 있다는 것이다. 한 LH 직원이 익명 게시판에 올렸던 "투기는 우리 회사만의 혜택이자 복지다." 글이 괜히 있는 게 아니다. 예전부터 일부의 LH 직원들은 이미 재미를 보고 있었던 것으로 관례로 자리를 잡고 있었다고 볼 수 있다. 한국토지주택공사의 내부 감시 시스템 또한 오랜 기간 작동하지 않았다. LH의 내부 감시 시스템은 허술했고 윤리 강령은 유명무실했다. 지난 10년 동안 내부 감사 결과는 단 한 건도 없었고 관련 징계도 찾아볼 수 없었다. 변창흠 국토교통부장관이 이에 대해 투명성과 청렴을 강조하고 제도도 바꿨다고 했지만 공염불과 같은 결과를 낳았다.

3.1.2. 반응 및 영향

이 사건의 본질은 단순 투기를 넘어, 공공기관의 직원들이 공개되지 않은 내부정보를 이용해서 부정한 이득을 취한 전형적인 비거래형 부패라는 것이다. 또한 집값 상승의 원인에 이들의 투기가 한 부분으로 지목될 수 있다. 따라서 주무기관인 국토교통부는 토지주택공사에 대한 국민의 신용을 회복할 수 없을 지경에 이른 만큼 관련자 처벌에서부터 LH 구조조정은 기본이고, 공공정보 부정 이용이 다른 기관의 공직자들과 정치계까지 엮인 최악의 경우에는 LH 청산까지 각오해야 한다는 전망이 나오고 있다.

LH 직원들의 부동산 투기는 과거부터 이어져 온 뿌리 깊은 악행이었다는 것이 폭로되었다. 건설업계에서도 언젠가 터질 사건이 터졌단 반응이고, LH의 전신인 대한주택영단(1948~62년) 시절부터 근무하다 퇴직한 직원들은 대체로 "당시에도 내부 정보를 활용하여 부동산 투기를 하는 것은 너무나도 당연한 것으로 여겨졌고 별다른 양심의 가책 같은 것은 없었다", "고작 월급 몇 푼 받아먹으려고 힘들게 입사하는 게 아니다. 알짜 내부정보를 노리고 입사하는 사람이 태반"이며, 경영진 같은 윗선 역시 이들과 다를 것이 없어서 해당 직원들에 대한 회사 내 처벌은 기껏해야 감봉이나 직위 강등 같은 것이라 보는 의견이 대다수이다.

3.1.3. 여론

문재인 정부의 부동산 정책에 분노한 국민 여론에 기름을 부은 격이 되었으며, 이전과는 달리 그 분노가 쉽게 사그라들지 않고 있다. LH 사태 직전까지도 문재인 정부는 부동산 가격에 자신을 보여 놓고도 수많은 실정을 일으켰으며, 정권 말인 시점에서 문재인 정부의 부동산 정책 실패는 역대 최악으로 비판받고 있다. 정작 집값은 집값대로 안 잡히고 매매가 더 어려워진 상태에서, 공기업인 LH의 직원들이 내부 정보들을 이용해 실질적인 투기를 한 것이 크게 작용한 것으로 보인다. LH 직원에 대한 부당이익의 환수 등의 조치에 대해 반성은커녕 법령상 불가능할 거라고 주장하며 쉴드를 치는 내로남불의 행태가 그동안 쌓여온 분노에 기름을 부어 버렸다.

3.2. 성남대장지구 도시개발사업

3.2.1. 성남대장지구 도시개발사업이란?

공식 명칭은 '성남 판교대장 도시개발사업'(城南板橋大庄都市開發事業, Seongnam Pangyo Daejang New Town)으로 경기도 성남시 분당구 대장동 210번지 일원, 면적 : 917,608.8㎡의 택지를 조성하는 사업으로 계획인구 15,938인(5,903세대)의 공동주택과 기타시설용지 등으로 구성되어 있으며, 2014년 5월 성남시 수정구 신흥동의 구)제1공단 56,022㎡ 규모의 공원조성을 포함하는 결합 도시개발사업이다.

대장지구는 서울 강남에 대한 접근성이 매우 우수하며 인근의 자연환경 또한 최고 요지이다. 판교JC, 서판교IC를 이용하여 경부고속도로, 수도권 외곽 고속도로, 용인・서울 고속도로 진입이 용이하며, 서판교터널로 서울까지 30분 거리의 판교 마지막 노른자위 땅으로 오래전부터 개발압력으로 개발이 추진되었던 지역이다.

3.2.2. 성남대장지구 도시개발사업 경과

2004년 12월 LH의 전신 대한주택공사는 당시 이대엽 전 성남시장 시기에 성남시 대장동 일대에 '한국판 베버리힐스'로 불릴 수 있는 미니신도시계획을 수립하였으나, 개발정보 유출 및 땅투기 문제로 전 대한체육회 이연택 회장(2007년 대법원 확정, 주심 김영란 대법관)과 성남시 공무원 5명과 토지주 등 12명이 입건되었고 이와 관련된 계속된 수사로 총 171명이 입건되면서 2005년 11월 사업이 중단되었다.

이후 대한주택공사가 성남시에 2008년 7월 다시 공영개발을 제안하였으나 2010년 9월 한국토지주택공사는 재정난을 이유로 사업을 포기한다. 위 과정에서 한 민간사업자가 공공개발을 막고 민간개발로 전환하기 위하여 당시 한나라당 소속 신영수 의원의 친동생, 전직 LH 본부장 등에게 수억 원의 뇌물을 뿌린 대장동 비리사건이 또 터진다.

언론에 따르면 2008년 전후로 당시 대장동 토지주 일부는 민간개발 추진위원회를 구성하기도 하였으며, "씨세븐"이라는 시행사가 추진위와 도시개발사업에 대한 계약을 체결하였다고 전해진다.

'시사IN' 2021년 12월 8일 보도에 따르면, "씨세븐"은 개발전문 자문단을 영입하는데 이들이 남욱 변호사와 정영학 회계사로서 대장동 도시개발사업 민간참여사 소속 천하동인4호와 5호의 소유주로 알려져 있고, 정회계사는 부산저축은행그룹 박연호 회장의 인척 조모씨도 영입하는데 조모씨는 씨세븐이 사업부지 확보에 필요한 자금을 부산저축은행 외 10여 개 저축은행으로부터 1,805억 원의 Bridge Loan 대출 역할을 하였다고 하고, 씨세븐은 개발부지 904필지 중 638필지 총면적의 70% 상당의 토지사용권을 확보하였다고 한다. 2011년 저축은행 부실대출사태가 발생하고, 부산저축은행은 영업정지 처분을 받아 2012년 파산하며, 예금보험공사는 부산저축은행의 씨세븐 채권보전 절차로서 '토지사용권리'를 가압류하였다. 한편 2010년 성남시장에 당선된 이재명 시장은 대장지구 도시개발사업을 공영개발방식으로 변경을 추진한다. 그러나 당시 새누리당 시의원들과 성남시의회 최윤길 의장은 공공개발을 주도하던 LH조차 9월 사업을 포기한 상황에서 공공개발에 대한 불신으로 주민조합 위주의 민간개발을 주장하며, 공영개발을 위한 공사채 발행과 성남도시개발공사 설립에도 반대한다. 이후 성남시 새누리당 일부 의원과 시의장이 입장을 바꾸어 2013년 2월 성남도시개발공사 설립계획안이 시의회를 통과하고, 동년 9월 성남도시개발공사를 설립하고 대장지구 민관합동 도시개발사업이 본격 추진된다.

성남시는 2014년 5월 성남대장지구 도시개발사업의 도시개발구역을 지정고시하였고, 2015년 2월 성남도시공사는 대장지구 도시개발사업에 대하여 '다른 법인 출자타당성 검토' 결과를 시의회에 보고하여 승인을 받고 3월 '성남의 뜰'을 우선협상자로 선정하여 6월에 사업협약을 체결하였다. 7월에는 민간참여자와 대장지구 도시개발사업 시행법인 '성남의 뜰'이라는 특수목적법인(SPC : Special Purpose Company)을 설립하고 다음 달인 8월에 사업자로 지정되었으며, 2015년 6월에는 대장동 사업지구와 제1공단 부지를 공원으로 조성하는 '대장동-제1공단 결합 도시개발구역 개발계획'을 고시하는데 과거 부산저축은행 관련 조씨가 이 과정에서 2015년 화천대유에 킨앤파트너스와 SK행복나눔재단과 연결해 400억 원의 대출 차입금에도 역할을 수행하였다고 한다. 그리고 대장지구 도시개발사업은 2016년 11월 실시계획이 승인되고 2017년 10월 단지조성 공사착공을 하기에 이른다.

3.2.3. 성남대장지구 도시개발사업 의혹

대장지구 도시개발사업에 대한 최초의 의혹제기는 경기도 수원소재 인터넷 언론사인『경기경제신문』박종명 기자가 2021년 8월 31일자「이재명 후보님 '(주)화천대유자산관리'는 누구 것입니까?」라는 칼럼을 통해 나왔으며, 국민의 힘 대선후보 장기표 씨의 2021년 9월 12일 국회 기자회견을 통해 세상에 널리 알려지기 시작했다.

먼저, 성남대장지구 도시개발사업의 의문점을 이해하려면 상법상의 주식회사와 회사가 발행하는 주식의 종류에 대한 이해가 필요하다. 일반적으로 민관합동 도시개발사업을 목적으로 설립하는 특수목적법인은 대부분 주식회사의 형태로 설립한다. 그리고 주식회사의 주식은 보통주식과 종류주식으로 구분한다. "보통주식"이란 이익배당이나 잔여재산분배, 의결권행사 등에 관하여 어떠한 제한이나 특혜가 없는 보통의 주식이다. 반대로 우선주를 포함하는 "종류주식"이란 이익배당이나 잔여재산분배, 의결권 행사 등에 특수한 제한을 가하지만 제한으로 인한 반대급부 특혜를 부여한 특별한 주식을 말한다. 종류주식에서는 우선주, 상환주, 전환주, 상환우선주 등이 있으며 성남도시공사와 금융기관은 종류주식 중 우선주를 선택하고, 화천대유와 천하동인은 보통주를 선택하며, 당사자들 간에 '사업협약'을 체결한다. 그리고 협약에 따라 '성남의 뜰'이라는 특수목적법인을 설립하였다. 대장지구 '성남의 뜰'을 설립하면서 성남도시공사는 '1종 우선주'를 금융기관은 '2종 우선주'를 구분하여 각각 취득하고, 화천대유자산관리와 sk특정금전신탁(천하동인1호~7호)는 보통주를 선택 및 취득하였다. '1종 우선주'와 '2종 우선주'는 앞서 설명과 같이 대장지구 이익배당이나 잔여재산분배에서 보통주보다 확정된 금액 상당을 순서에 따라 우선 배당받을 수 있는 일련의 특별주식이다. 그리고 1종과 2종은 배당 및 분배에 있어 방법을 달리한다. 성남도시개발공사의 '1종 우선주식'은 이익의 배당에서 공동주택용지 A10블럭의 토지를 현물로 우선 배당받는 조건이며, 금융기관이 선택한 '2종 우선주식'은 주식의 액면가격 대비 연 25%의 이자에 해당하는 금리를 보통주보다 우선배당 받는 조건으로 주식을 발행한 것으로 보인다. 일반적으로 부동산개발 특수목적법인 우선주를 선택하는 주된 이유는 사업추진과정에서 영업이익의 증감, 사업의 성공과 상관없이 확정적이고 안정적인 최소한의 수익을 보통주보다 우선적으로 확보하기 위함인데 일반적으로 원금을 보장받아야 하는 금융기관이나 공적기금기관이 취득하는 경향이 많다.

* * *

위와 같은 사업협약에 따라 '성남의 뜰' 납입자본금은 50억 원으로 '1종 우선주식'은 성남도시개발공사가 25억 5천 원(지분율 50%)을 출자하여 취득했고, '2종 우선주식'은 하나은행 7억 원(지분율 14%), 국민은행 4억 원(지분율 8%), 기업은행 4억 원(지분율 8%), 동양생명보험 4억 원(지분율 8%), 하나자산신탁 2.5억 원(지분율 5%) 등 '2종 우선주' 합계액 21억 5천만 원(지분율 43%)을 각각 취득하였다. 그리고 이익배당이나 잔여재산분배 권리를 보유한 '보통주식'는 화천대유자산관리 4천9백9십9만5천 원(지분율 0.999%)를 SK특정금전신탁이 3억 원(지분율 6%)를 각각 출자하여 보통주식 합계 3억 4천9백9십9만 5천 원(지분율 6.999%)으로 특수목적법인 '성남의 뜰'을 설립하였으며 표로 만들면 다음과 같다.

성남의 뜰 출자 지분표

구분	주식 종류	출자자(기관)	출자금액(천 원)	지분율	비 고
공공	제1종 우선주	성남도시개발공사	2,500,005	50.001%	50%+1주
민간	제2종 우선주 (금융기관)	하나은행	700,000	15.0%	
		국민은행	400,000	8.0%	
		기업은행	400,000	8.0%	
		동양생명보험	400,000	8.0%	
		하나자산신탁	250,000	4.0%	
	보통주 (시행사)	화천대유자산관리	49,995	0.999%	1%-1주
		sk특정금전신탁	300,000	6.0%	천하동인
합계			5,000,000	100.0%	

〈윤정수, 대장동을 말하다, p43, 투자자 지분구성〉

3.2.4. 국민적 공분을 사다

성남대장지구 사업 참여자들은 각자가 선택한 보통주식과 우선주식으로 인하여 '성남의 뜰'은 2021년까지 다음의 표와 같이 이익배당을 실시했다.

<table>
<tr><th colspan="2" rowspan="2">구분</th><th rowspan="2">출자자(기관)</th><th colspan="4">배당금액(단위/억 원)</th></tr>
<tr><th>합계</th><th>2019년</th><th>2020년</th><th>2021년</th></tr>
<tr><td colspan="2">공공</td><td>성남도시개발공사</td><td>1,830</td><td>1,822</td><td>0</td><td>8</td></tr>
<tr><td rowspan="7">민간</td><td rowspan="5">금융기관</td><td>하나은행</td><td>10.4</td><td>7</td><td>1.7</td><td>1.7</td></tr>
<tr><td>국민은행</td><td>6</td><td>4</td><td>1</td><td>1</td></tr>
<tr><td>기업은행</td><td>6</td><td>4</td><td>1</td><td>1</td></tr>
<tr><td>동양생명보험</td><td>6</td><td>4</td><td>1</td><td>1</td></tr>
<tr><td>하나자산신탁</td><td>3.7</td><td>2.5</td><td>0.6</td><td>0.6</td></tr>
<tr><td rowspan="2">시행사</td><td>화천대유자산관리</td><td>577</td><td>270</td><td>207</td><td>100</td></tr>
<tr><td>SK특정금전신탁</td><td>3,462</td><td>1,620</td><td>1,240</td><td>602</td></tr>
<tr><td colspan="3">합계</td><td>5,903</td><td>3,734</td><td>1,453</td><td>716</td></tr>
</table>

〈윤정수, 대장동을 말하다, p47, 성남의 뜰 연도별 배당내역〉

위 성남 대장지구 도시개발사업 이익배당표에 대한 국민과 언론은 성남도시개발공사가 과반수 50%의 지분을 보유하였음에도 불구하고 개발 이익배당금이 1,830억 원인 것에 비하여 약 7%의 지분을 보유한 특정민간기업이 4,039억 원의 천문학적 이익배당결과와 위 민간 이익배당금의 행방, 그리고 민간사업자 공모 절차는 공정하였는가? 등의 의문을 제기하였다. 이에 대하여, 당시 이재명 성남시장은 성남시에 대한 임대주택용지 현물배당은 1,830억 원이지만 제1공단 공원화사업 2,561억 원 외 북측터널 등

도합 5,503억 원을 공공환수 하였다고 설명하고, 개발이익 중 민간 4,071억 원인데 반하여 공공이 5,311억 원으로 50% 이상을 회수하는 국내 최대의 개발이익 공공환수 사업이라고 의혹에 대하여 설명하였다.

3.2.5. 다른 도시개발사업과의 비교

다음으로 필자가 20여 년 동안의 단지개발(산업단지 및 민관합동 도시개발 대표이사 제직)사업 경험과 제3자적 입장에서 다른 일반적 민관합동 도시개발사업과 성남대장지구 도시개발사업을 비교해 보고자 한다. 다만, 부동산개발 사업은 위치에 따라 사업 조건이 다르므로 필자의 분석이 모든 민관합동 도시개발사업의 기준이 될 수는 없다는 점 또한 충분히 감안되어야 할 것이다.

성남대장지구와 일반적 도시개발사업의 비교는 다음과 같다.

* 금융기관들 : 민관합동 도시개발 사업에 참여하는 대부분의 금융기관은 특수목적법인 출자주식을 성남 대장자구 도시개발사업과 같이 우선주식(또는 제1종 종류주식)으로 참여한다. 또한 사업을 기획하는 시행출자자에게 '주식매도 청구권' 등의 Put Option계약 등으로 원금회수에 대한 신용보강을 요구 또는 체결하여 출자금 회수 리스크 회피를 추가 시행하는 경우도 상당하다. 그리고 저자의 경우, 출자금에 대한 수익으로는 Project Financing 중순위 또는 후순위 대출채권 이자에 상당한 연7%~10% 비율의 금리를 보통주식에 우선하여 배당 받는 조건으로 약정하였다. 부연 설명을 하자면 연7% 상당의 소정비율의 우선배

당을 받으며, 이익배당과 청산배당에는 비참가적이고, 당해영업 연도에 소정의 우선배당을 받지 못할 경우 다음 영업년도에 이를 보상받을 수 있는 '누적적 우선주' 조건을 기본으로 하였다. 따라서 금융기관은 민관합동 도시개발사업 참여에 있어서 보통주식보다 우선적으로 이익배당을 받는 조건으로 사업에 참여하는데, 이는 특수목적법인 출자금을 금융기관이 대출금과 같은 성격으로 보아 원금과 이자수익의 회수 안정성을 최우선시 하기 때문이다. 이러한 금융기관의 회수 안정성 최우선 특징은 성남대장지구 도시개발 사업에서 하나은행 외 금융기관들이 과반에 가까운 43%의 지분을 보유하였음에도 불구하고 약 32억 원 상당의 금리기준 이익배당을 받은 것과 같은 맥락으로도 확인할 수 있다. 기부채납을 포함한 성남 대장지구 도시개발사업 총 개발이익은 9,574억 원으로 예상된다. 그에 반하여 금융기관은 43%를 출자하고 32억 원의 개발이익을 배당 받은 것으로 전체 개발이익 대비 약 0.33%를 이익배당 받은 결과이다. 이와 같은 금융기관의 이익배당 결과는 금융기관이 개발 이익배당을 포기한 것이 아니라 민관합동 도시개발사업의 개발이익의 귀속권이 지방정부와 민간참여자의 경우 시행사(건설사 포함)에게 귀속됨이 사회적 통념과 금융기관의 안정적 수익을 처음부터 확정하고 우선배당 받는 통상적 결과에 기인하기 때문이다. 결과론적으로 개발자금조달을 해석하면 민관합동 도시개발사업에서의 금융기관이 대부분의 사업비를 조달하지만 개발에 관한 리스크는 일반적으로 시공사와 시행사가 부담하기 때문이다. 따라서 금융기관은 이익배당이 아닌, 금리를 기준으로 이자배당을 보통주식의 개발 이익배당보다 우선하여 회수하는 방식이 일반화 되어 있는 것이다.

* 공공참여자 : 일반적으로 지방자치단체나 그 산하 도시개발공사는 최대의 배당수익 확보를 위하여 '보통주'를 취득하는 경우가 대부분인데 반하여 성남시와 성남도시개발공사는 금융기관이 취득하는 우선주를 취득하는 결정을 하였다는 점이 특이하다. 이와 같은 우선주식 확정배당 결정에 대하여 당시 성남시는 위례신도시 주택개발사업을 성남시가 추진해 본 결과, 건설회사 등 민간사업자들이 공사원가를 부풀려 사업이익이 크게 낮아지는 경우가 있으므로 초기에 사업이익 중 공공회수 금액을 확정하여 개발이익 중 공공회수 금액을 우선적으로 보존 및 확보하기 위한 사전조치라고 설명한 바 있다.

언론 기사와 참여연대 기자회견, 그리고 전)성남도시개발공사 윤정수 전)사장의 저서『대장동을 말한다』를 기초로 한 대장동 개발이익은 다음의 표와 같다.

(단위/억 원)

구분	배당명	배당금액	
기부채납 (현물배당)	A10블럭 주택용지	1,830	
	제1공단 공원화사업	2,561	
	북측터널	600	
	대장IC확장사업	260	
	배수지 조성사업	60	
	기 타	192	기타시설 기부 체납
	누 계	5,503	

현금배당	화천대유자산관리	577	
	SK증권 특정금전신탁	3462	천하동인 1~7호
	금융기관	32	연 25%금리 적용 0.33% 해당함
	누 계	4,071	
합계		9,574	

〈윤정수, 대장동을 말하다, p46, 성남시의 확정이익〉

위 배당표에 의한 개발이익을 필자 경험을 토대로 타 지방정부 사업과 같이 성남시가 우선주식이 아닌 '보통주식' 취득을 가정하여 대장지구 도시개발사업 개발이익 배당을 재구성 하면 다음과 같다. 성남도시개발공사의 개발이익 배당은 8,380억 원으로 추정되며, 현물배당으로 ① A10블럭 공동주택용지 1,830억 원, ② 제1공단 공원화사업 2,561억 원, ③ 기타시설 1,112억 원(북측터널(600억 원), 대장IC 확장(260억 원), 배수지(60억 원)) 이재명 전)성남시장의 주장과 같이 5,503억 원과 추가적으로 현금 2,877억 원을 배당 받을 수 있을 것으로 분석된다. 위와 같은 배당계산은 성남시가 보통주식을 선택하였을 경우를 가정한 것으로 성남도시개발공사(50%+1주, 보통주 가정), 화천대유(1%-1주), 천하동인(6%) 등 개발이익 배당 보통주식은 도합57%를 100분율로 환산한 것으로 성남도시개발공사 개발이익 배당률은 87.82%이고, 화천대유(1.75%), 천화동인(10.53%)의 각각 배당 지분율을 가지게 된다. 총 개발이익 9,574억 원에서 금융기관 우선주식 금리배당금 32억을 뺀 보통주 총 배당금액은 9,542억 원임을 알 수 있다. 보통주 배당총액을 배당지분율로 환산하면 성남도시개발공사 8,380억 원(주택용지 등 현물 5,503억 원과 현금 2,877억 원), 화천대유(현금 167억 원), 천화동인(현금 1,005억 원)으로 분석되며 예정 배당표는 다음과 같다.

성남시가 보통주식을 취득한 경우 반영 가상 배당표

주식 종류(가정)	출자자(기관)	지분율/배당율	배당표	비고
			영업이익 : 9,574억 원	
제1종 종류주식 (우선배당)	하나은행	15.0%	10.4	액면가 연25% 금리 배당
	국민은행	8.0%	6	
	기업은행	8.0%	6	
	동양생명보험	8.0%	6	
	하나자산신탁	4.0%	3.7	
	누 계	43.0%	32.1	기존과 동일
보통주 (일반배당)	성남도시개발공사	50.0% / 87.8%	8,380	50.0% +1주
	화천대유자산관리	1.0% / 1.75%	167	1.0% -1주
	sk특정금전신탁	6.0% / 10.53%	1,005	
	누 계	57% / 100%	9,542	
합계		100%	9,574	

다만, 위와 같은 결과는 성남도시개발공사가 보통주를 선택한 경우를 가정 하에 검토되는 결과론적 분석이며, 당초 계획한 개발이익은 3,635억 원으로 성남시가 1,822억 원의 토지우선배당과 민간이 1,773억 원의 현금 배당을 예상하였다고 한다. 그리고 최근 부동산 가격 폭등으로 3,849억 원의 초과수익이 발생하였으나 개발 초기 단계에서는 예상할 수 없는 상황이었으며, 결과적으로 성남시가 사업초기에 리스크를 회피하고자 확정된 안정적인 개발이익 환수를 목적으로 사업모델을 구축하고 현재와 같은 우

선주식을 선택한 것이라면 이 또한 성남시의 과실이라고 단정하거나 예단하여서는 아니 된다. 어쩌면, 민간시행사인 화천대유와 천화동인은 부동산가격 폭등이라는 시기적 호재도 함께 작용한 결과물이라고도 할 수 있기 때문이다.

4

도시개발사업의 주체

대한민국의 근대 도시계획 제도는 일본이 대륙진출을 위한 거점으로서 신시가지를 조성하는 등 우리나라를 자신들의 식민지로 보다 효율적으로 경영하기 위해 1934년 6월 20일 "조선시가지계획령"이 조선총독부에 의해 일제강점기하에 제정되었다. "조선시가지계획령" 이전에는 1911년 「도로규칙」과 1913년 「시가지건축취체규칙(市街地建築取締規則)」이 있으며, 이 또한 조선총독부가 제정한 것으로 지방에서 시행되던 건축규칙의 영향을 받아 제정된 것으로 평가되며 1948년 대한민국정부 수립과 더불어 「시가지계획령」으로서 존속되었고, 1962년 「도시계획법」과 「건축법」이 제정되면서 일제시대 잔재인 「시가지계획령」이 비로소 폐지되었다.

대한민국의 현행 도시계획법·제도에서 '시 또는 군의 개발' 규정과 도시계획 구성 요소가 '지역·지구·구역의 계획', '시설의 계획', '사업의 계획' 등으로 '개발'의 중요성을 알 수 있게 한다. 또한 현재의 용도지역·지구제나 환지제도, 개발행위허가에 관련된 내용, 그리고 토지 등의 수용 및 사용에 관한 규정, 비용 부담의 원칙 등은 "조선시가지계획령"부터 유지되던 내용이 조금 추가되거나 일부 변형된 형태였다.

「시가지계획령」 이후 1962년은 도시의 개발 · 정비 · 관리 · 보전 등을 위한 도시계획의 수립 및 집행에 관하여 필요한 사항을 규정함으로써 공공의 안녕질서를 보장하고 공공복리를 증진하며 주민의 삶의 질적 향상을 목적으로 「도시계획법」이 제정되며 도시계획은 도시의 주거기능 · 상업기능 · 공업기능 등이 조화를 이루고 주민이 편안하고 안전하게 생활할 수 있도록 수립 · 집행하여야 하며, 국가 및 지방자치단체와 주민은 도시가 환경적으로 건전하고 지속 가능하게 발전되도록 건설교통부장관이 도시발전종합대책을 5년마다 수립하여 국무회의의 심의를 거쳐 확정하도록 하였다. 특별시장 · 광역시장 또는 시장은 20년을 단위로 하여 도시기본계획과 광역도시계획을 수립하며, 5년마다 도시계획에 대하여 타당성 여부를 전반적으로 재검토하도록 하였고 도시계획에 관한 사항을 심의하기 위하여 도시계획위원회 규정 등을 포함한 11장 103조와 부칙으로 되어 있었으며 2002년 2월 4일 국토의 계획 및 이용에 관한 법률이 제정되면서 「도시계획법」 또한 폐지되었다.

* * *

이후 2000년 계획적이고 체계적인 도시개발을 도모하고, 쾌적한 도시환경을 조성하기 위한 도시개발은 특별시장 · 광역시장 또는 도지사에 의하여 도시개발구역으로 지정되고, 고시된 구역 내에서 주거 · 상업 · 산업 · 유통 · 정보통신 · 생태 · 문화 · 보건 및 복지 등의 기능을 가지는 단지 또는 시가지를 조성하는 도시개발법을 제정한다. 기본계획이 수립되면 토지·건축물·공작물 등에 대한 기초조사, 주민 등의 의견 청취, 도시계획위원회의 심의, 도시개발구역지정 고시 등의 절차를 거쳐 시행자를 선정, 개발사업을 시행하게 된다. 도시개발사업 시행자는 국가 또는 지방자치단체·대통령령이 정하는 정부투자기관이나 도시개발사업을 위하여 특별히 설립된 법인이나 토지소유자 조합 등을 포함한 "도시개발법"이 법률 제6242호로 제정되었다.

4.1. 공공개발방식

대한민국 정부는 양질의 주택 공급을 목적으로 1962년 7월 대한주택공사를 설립했다. 같은 해 국내 최초로 도화동 마포아파트 단지개발을 시작으로 1965년 서울 강서구 화곡동 대규모주택단지개발, 1971년 반포 아파트단지 7,906호 건설추진(1979년), 1975년 잠실 아파트 단지 19,180호 건설추진(1978년), 1983년 개포 아파트 단지 건설(1,5710호)(1979~1983), 1984년 과천 신도시 건설(13,522호)(1980~1984), 1986년 성남 수정구 아파트 건설(1984~1986), 1987년 성남 중원구 아파트 건설(1984~1987), 1986년 상계 신시가지 42,874호, 1997년 산본 신도시 건설(41,743호)사업 등 수도권과 지방의 주택 공급 사업을 추진했다. 한편, 1975년 4월 "토지금고"를 설립, 발족하여 1978년 12월 대한민국 최초 산업 단지 "안성 시범 공단"을 시작으로 1979년 3월에 "토지금고"를 "한국토지개발공사"로 확대 개편했다. 또한 1980년 12월 "택지 개발 촉진법" 제정·공포에 따른 택지 개발 사업을 본격 착수한다. 1988년 수도권 1기 신도시(분당, 일산, 평촌, 중동 등), 2001년 수도권 2기 신도시(판교, 동탄, 양촌, 옥정 등), 2007년 경북 김천 혁신도시 등 6개 혁신도시 사업을 시행하였으며, 2009년에는 "대한주택공사"와 "한국토지공사"가 통합되어 한국토지주택공사(LH)가 출범하여 현재에 이르렀다.

최근 브랜드와 고품질 아파트의 선호로 과거와 같은 주공아파트의 공급은 시간이 갈수록 줄어 가고 민간공급 아파트가 대부분의 주택공급을 주도하고 있다. 하지만 취약계층 주거안정을 목적으로 하는 영구임대아파트 등의 신규건설이 희소화 됨은 정부가 나서서 개선할 필요가 있다.

1989년 서울시가 "도시개발공사"(현 서울주택도시공사)를 경기도는 "경기도 공영개발사업단"(현; 경기주택도시공사) 발족을 시작으로 전국의 광역자치단체와 다수의 기초자치단제(○○시 도시개발공사)가 일반산업단지개발과 도시개발 또는 지방정부의 위탁개발 등의 공공개발사업 등을 추진하여 왔다.

현재의 공공개발은 현행 도시개발법 제11조 제1항 1호에서 4호 국가나 지방자치단체, 대통령령으로 정하는 공공기관 및 정부출연기관, 지방공기업법에 따라 설립된 지방공사가 도시개발사업을 시행하는 방식을 공공개발이라 규정한다.

정부주도(정부투자기관 포함)의 공공개발은 개발이익의 전액이 공공에 환수되어 공공복리와 투기방지, 부의 재분배 등, 공익적 취지의 개발이다.

하지만 재정자립도가 낮음에도 불구하고 지방정부가 설립한 도시개발공사는 풍부하지 못한 자본금 사정으로 대규모 도시개발사업의 재원조달에 대한 어려움에 직면하고 있어 지방공사 단독으로는 대규모 개발사업 추진이 현실적으로 불가능한 상황이기 때문에 지방공사는 중앙 및 광역정부(정부 및 광역투자기관 포함)와 공공개발사업을 공동으로 추진하였다. 그러나 공공개발로 인한 개발이익 공익환수라는 공공성에도 불구하고 개발이익 대부분이 정부 및 광역자치단체(도시공사 포함)에 귀속되는 결과는 개발을 위하여 행정을 지원하는 지방정부 입장에서 조금은 불편하고 불합리한 현실이 존재한다.

4.2. 민간개발방식

현행 민간도시개발은 법 제11조 제1항 5호에서 9의2호에 의거 도시개발구역 토지소유자, 도시개발을 위하여 설립한 도시개발사업의 전부를 환지방식으로 시행하는 "조합", 「수도권정비계획법」에 따른 이전하는 법인, 「주택법」 제4조에 따라 등록한 주택건설업자 , 「건설산업기본법」에 따른 토목공사업 또는 토목건축공사업자, 「부동산개발업의 관리 및 육성에 관한 법률」 제4조제1항에 따라 등록한 부동산개발업자 등의 개인 및 기업 등 민간이 추진하는 개발방식이다.

민간개발은 일제강점기인 "조선시가지계획령" 토지구획정리사업에서 출발했다고 전하며 현재는 도심지 재개발 및 재건축 등 조합개발이 민간개발의 주류를 이루고 있다. 초창기 단독주택 위주의 토지구획정리사업이 추진되었으나 강남개발 이후 아파트 및 주상복합이 현재까지의 도시주택으로 공급되어 왔으며 앞으로도 큰 변화는 없을 것으로 예상된다.

민간개발의 특이점은 도시개발에 있어서 개발자가 수요자인 동시에 공급자 역할을 수행한다는 점이다. 또한 민간개발은 시민의 자율적 참여라는 점과 오랜 역사에도 불구하고 복잡하고 혼탁하다는 점이다. 대한민국은 건국 이래 부의 역사가 부동산의 역사라고 해도 과언이 아니다. 부동산은 국민 보유자산의 압도적인 부분을 차지하고 부와 소득의 불균형을 만든 주요원인이다.

1980년대를 접어들면서 대한민국 정부는 경제 주체들이 자기 책임하에 자유로운 경제활동을 보장하는 시장중심으로의 전환을 추진한다. 시장경제 주체 민간 기업들은 체제전환 등의 적응으로 경제성장이 잠시 주춤하였지만 1986년부터의 경제호황기는 주식과 부동산 가격의 폭등하는 계기가 되었다.

1998년 사회기반시설에 대한 민간의 투자를 촉진하여 창의적이고 효율적인 사회기반시설의 확충·운영을 도모를 목적으로 하는 "사회기반시설에 대한 민간투자법"의 제정하였다. 도로, 철도, 항만, 하수도, 하수·분뇨·폐기물처리시설, 재이용시설 등의 경제활동 시설, 유치원, 학교, 도서관, 과학관, 복합문화시설, 공공보건의료시설 등 사회서비스 시설, 공공청사, 보훈시설, 방재시설, 병영시설 등 국가 또는 지방자치단체의 업무수행을 위하여 필요한 공용시설, 또는 생활체육시설, 휴양시설 등 공공용 사회시설 및 인프라 등에 민간의 투자가 시작되었다.

2000년 밀레니엄시대의 개막으로 당시 지방정부는 민간기업 투자유치와 더불어 지방산업단지와 같은 택지조성이 시작되었다. 그리고 민간 도시개발사업은 시민의 자율적 개발참여라는 장점에도 불구하고, 사업추진 과정에서 조합원들 간의 반목과 대립이 난무하며, 조합장 또는 관계자들의 횡령과 배임 등 개발이익과 관련한 무차별 소송 등의 '비리 복마전'으로 주민 이해관계가 달라 갈등도 끊이지 않으며, 개발 기간만 평균 십 년 이상 걸리는 것도 다반사일 정도로 아주 복잡하고 다양하다.

4.3. 민관합동 개발방식

도시개발법 제11조 제1항에서 11호에 해당하는 자(제6호에 따른 조합은 제외) 즉 공공과 민간이 공동으로 도시개발사업을 시행할 목적으로 출자에 참여하여 설립한 법인으로 하여금 도시개발사업을 시행하는 방식이 민관합동 도시개발방식이다. 도시개발법은 법률 제6242호, 2000. 1. 28. 제정되어 60회 이상 개정되었다. 재정 당시 민관합동 도시개발은 국가 또는 지방자치단체와 대통령령이 정하는 정부투자기관과 건설산업기본법에 의한 건설업자가 공동으로 출자(공공 50% 초과)한 특수목적법인으로 대부분 추진이 가능하였으며, 2002. 12. 30. 법률 제6853호 일부개정을 통하여 지방공사가 민관합동 도시개발사업에 포함되었으며 소유자, 과밀억제권역 이전 법인 등으로 참여자를 확대하였으며, 현재는 소유자로 구성된 조합을 제외한 토지 소유자, 『주택법』에 따른 주택사업자, 『부동산개발업의 관리 및 육성에 관한 법률』에 따른 부동산개발업자, 『부동산투자회사법』에 따른 자기관리부동산투자회사도 민관합동 도시개발사업에 포함하여 추진할 수 있도록 민간참여를 확대하였다.

자유시장경제 체제하인 대한민국에서 도시개발법의 제정과 개정을 통하여 지금까지 도시개발사업은 투자사업이라는 관점에서 추진되어 왔다. '투자'란 이익을 얻기 위하여 어떤 일이나 사업에 자본을 대거나 시간과 정성을 쏟고, 주식, 채권, 부동산 따위를 구입하는 데 자금을 돌리는 행위를 말한다. 따라서 개발이익은 투자에 대한 교환가치로 여겨 투자 없는 도시개발은 없다는 인식이 현재까지 지배적이다. 그러나 이와 더불어 1977년 제4공화국 신형식 건설부장관의 발언으로부터 시작된 '토지공개념'은 군사정부가 막을 내리던 노태우 정부에서 현재는 헌법불합치 및 위헌결정으로 폐지된 '토지초과이득세'와 '택지소유상한제'그리고 현재까지 시행 중인 '개발이익환수제' 등의 '토지공개념 3법'이 처음으로 제정 및 폐기되었다. 노태우정부 '토지공개념 3법'은 대한민국 고도성장기의 부동산가격안정을 위한 특별조치라 하더라도 자칭 보수정권에서 시행된 정책이라는 점과 현재 시점에서 '토지공개념'이 사유재산을 과도하게 침해한다는 사회주의 정책으로 인식하는 점은 상당히 대조적인 느낌으로 다가온다.

노태우정부 이후에도 노무현정부에서 '종합부동산세'와 '주택거래허가

제'등이 '토지공개념'을 기반으로 도입하였으며, 그 외 개발에 대한 수익자 부담 원칙과 도시개발 승인과정에서 기부체납과 '공공기여방안'의 강요 등, 비법률적 행정행위가 통상적으로 시행되어 왔다. 이러한 비법률적 행위는 사회의 부조화를 발생시킬 소지가 큼으로 제도화하는 것이 바람직하다고 본다. 그리고 대한민국은 현재도 헌법상의 사유재산 보호와 토지공개념 간의 모호한 '경계 조정 실험'의 진행형이다.

오늘날 우리 사회는 복잡한 이해관계와 개발과정에서 이권다툼의 장이 된 민간개발에 대하여 개선을 요구하고 있다. 복잡한 이해관계는 개발기간을 10년 이상으로 장기화하였고, 이권다툼은 불법과 탈법으로 재생산되어 우리 사회의 신뢰를 저하시키고 시장 질서를 혼탁하게 만들었을 뿐만 아니라 부동산 투기와 부의 불균형을 유발하는 원인으로 작용하고 있다.

공공개발에서는 풀뿌리 민주주의 지방자치제로 인한 지방정부와 중앙정부(광역정부 포함) 간의 개발이익 귀속에 대한 시민들의 입장변화와 개발정보 독점을 이용한 공기업 임직원의 일탈행위 등 우리 사회에 가중되는 비효율적 갈등비용들이 지속적으로 반복하여 발생하고 있다. 그나마 우리 사회가 공공개발을 선호하는 것은 민간개발로 인한 부정과 비리, 부동산 투기 등에 대한 최소한의 예방효과와 더불어 개발이익의 공익환수라는 장점에 기인하기 때문일 것이다.

공공개발과 민간개발 외 10여 년 전부터 대안으로 지방정부는 민관합동개발을 추진하고 있다. 그동안의 정부투자기관에 의한 지방의 도시개발 또한 투자자 이익귀속 원칙에 따라 개발이익 전부가 정부투자기관에 귀속되어 왔다. 때문에 지방정부와 시민의 입장에서 지방정부의 주도하에 도시개발을 수행하고 개발이익의 상당 부분을 시민에게 환원할 수 있는 민관합동 개발방식이 지방정부가 시민을 위한 최선의 행정으로 자리를 잡아왔다. 하지만 최근의 대장동사건은 민관합동 개발방식에서 상당한 개발이익을 지방정부가 환수하였다고 발표되었음에도 불구하고 민간의 이익 또한 과도하다는 지적이 우리의 사회문제로 대두되었고, 국회는 2021년 민관합동 개발에서 민간에 대한 이익배분을 사업비의 10% 이하로 제안하는 도시개발법을 개정하였다.

하지만 필자는 민관합동 도시개발에서 '민간에 대한 사업비의 10% 이하 이익배분은 시민의 입장에서 적정한가?'란 질문을 하지 않을 수 없다.

사업비 10%라는 기준은 어디에 근거하여 결정된 것인지 모르겠고 직접사용 토지를 지분율과 연동하는 이유도 모르겠다. 직접사용토지에 대하여 민간참여 총 지분율 50%의 통합한도를 정하여도 충분하다고 보기 때문으로 다양성과 합리성을 배제하는 불필요하며 불합리한 규제라 하지 않을 수 없다.

그리고 정부는 왜 공익적 비영리 도시개발 제도를 추진하지 않는 것인가?

5

개발이익 시민환원제 (비영리 도시개발 구조)

인간이 문명화한 이후 부의 축적은 토지소유로부터 시작되었다. 그리고 대한민국 정부는 건국 이후부터 현재까지 부동산 투기근절과 부의 불평등을 해소하고자 다양한 부동산 정책을 펼쳐 왔다. 군사정부임에도 노태우 정부는 당시 사회주의 사상으로 표방되는 토지공개념 3법을 제정하였고, 부동산 문제는 보수와 진보를 넘어 모든 정부가 부동산 가격안정을 국정과제로 여겨왔을 정도다. 그럼에도 2021년 주택가격 폭등은 우리 사회 부의 불평등과 불균형을 심화시키는 결과를 또다시 초래하여 2022년 대한민국은 강남의 아파트를 소유한 자와 소유하지 못한 자로 양분화되었다. 지금의 강남 아파트는 우리도 우리 다음 세대도 열심히 공부하고 직장에서 평생 일한다고만 해서 소유할 수 있는 집이 더 이상은 아니다. 하지만 우리 대한민국 사회는 현재도 또 미래도 부동산과의 전쟁을 마다하거나 피하지 않을 것이다. 개혁하고 또 개혁하여 우리 사회가 보다 더 정의로워질 것이라는 걸 믿으며 우리 모두가 동참할 것이란 것을 잘 알고 있기 때문에 대한민국은 희망적이다.

앞장에서 도시개발사업에 대한 공공개발과 민간개발 그리고 민관합동 개발방식에 대한 장점과 단점들을 살펴보았다. 필자가 이 책에서 주장하는 '비영리 도시개발'은 지방정부와 민간참여자가 공동으로 출자하여 설립한 특수목적법인이 추진하는 대규모 도시개발사업에서 개발이익 전액을 시민에게 환원하는 공익적 개발제도이다. 또한 '비영리 도시개발'은 토지공개념에서 기인하고 있으나 토지공개념 3법 중 남아 있는 개발이익환수에 관한 법률 보다는 진보하며 특이한 점은 민간의 자율에서 출발한다는 부분이다. 개발이익환수에 관한 법률은 민간의 과도한 개발이익의 일부를 환수하는 제도이지만 '비영리 도시개발'은 개발이익 전부를 대상으로 민간의 자발적 환원 사업제안을 기반으로 한다. 그리고 필자가 주장하는 환원의 개념은 토지공개념에서 다루는 환수와도 다른 개념이다. 환수는 법률의 규정 또는 공권력을 이용하여 개인이나 기업으로부터 과도한 이익이나 불법으로 취득한 재산을 강제적으로 징수하는 타의적 방식인데 반하여 환원은 민간의 자발적 시민의식 행동에서 비롯된 자의적 정의구현 시민행동이다.

민관합동 도시개발사업에서의 개발수익은 법률에 의한 토지의 수용과 사용, 공공의 인허가 행정지원에 따른 토지의 용도 변경에서 창조되는 수익이기 때문에 창조된 개발이익은 공공복리에 적합하도록 시민에게 환원되어야 한다는 것이다. 다만, 민관합동 도시개발사업에 참여하는 민간의 수익은 사업에 제공되는 각각의 근로와 기술에 대하여 공정하고 정당한 대가 즉 '공정대가'의 지급으로 완성된다. 하지만 지금까지의 민관합동 도시개발사업은 필요사업비에 대한 투자와 수익의 관점을 기준으로 개발이익을 배분하는 관습에서 모순이 발생한다. 그리고 이러한 관습에 많은 모순이 있다는 점을 대장동사건을 비롯한 우리 사회 곳곳에서 발견할 수 있다. 현재 민관합동 도시개발사업에서의 개발이익 귀속은 민간과 공공이 출자하여 설립하는 특수목적법인 주식지분 비율을 개발이익 배당조건으로 하고 있다. 하지만 민관합동 도시개발사업의 특수목적법인의 출자금이 전체사업비의 0.5%에도 미치지 못하기 때문에 사업에 대한 출자금의 비중은 무시하여도 될 만큼 미미한 수준이라는 점을 설명하였다. 이와 같은 특수목적법인 출자금 비율기준 배당방식은 합리적이지 못할 뿐만 아니라 비상식적이다. 0.5%의 투자가 어떻게 개발이익 전체를 소유하는 기준이 될 수 있단 말인가? 이와 같은 현상을 우리 사회는 투기라고 부른다. 따라서 우리 사회는 보다 합리적이고 상식적인 민관합동 도시개발사업의 개발이익 배분과 귀속에 관하여 개발이익이 누구의 노력으로 어디에서 발생하는지에 대한 연구와 개발이익 귀속에 대한 사회합의가 필요하다. 이러한 사회적 합의는 민관합동 도시개발사업의 장점을 살리고 단점을 보완함으로써 지속 가능한 도시개발을 구현할 수 있기를 희망하며 우리 사회 공익개발로 비영리 도시개발을 주장하는 바이다.

지금까지 민관합동 도시개발 사업에서 최대공익환수와 같은 구호는 있었지만 도시개발이익 전액이 시민에게 환원된 사례는 없었다. '개발이익 시민환원제'는 춘천시와 1년 여의 준비과정을 거쳐 2021년 10월 강원도 춘천시청에서 최초의 발표회를 개최하였다. 필자는 부동산, 그것도 도시개발사업을 주요사업으로 영위하는 시행사 대표다. 필자가 '개발이익 시민환원제'를 준비하면서 자신에게 던진 첫 번째 질문은 '기업이 현재의 개발이익을 포기하면서 새로운 비영리 도시개발사업에 투자할 것인가?'와 '개발이익 전부를 포기하고 시민에게 환원할 수 있겠는가?'란 질문이었다. 하지만 많은 민관합동 도시개발 경험에서 비영리 도시개발의 가능성을 보았고 경험을 토대로 비영리 도시개발에 관한 이론을 정립하여 민관합동 도시개발사업에 참여하는 금융기관과 건설회사와 필자와 같은 시행사 디벨로퍼 그리고 엔지니어들과 지방정부 공무원들의 다양한 의견을 모아서 '개발이익 시민환원제'를 만들어 나갔다. 필자를 포함한 우리들 대부분은 헌법에 명시된 납세의 의무에 대하여 당연시 여김과 동시에 변화되는 세금 부과율에 대하여 높은 저항성을 가지고 있다. 비영리 도시개발에 관한 설문 조사 과정에서 시민환원제의 '환원'이라는 단어조차 강제 징수에 가까운 '환수'로 인식하여 저항성을 표현하기도 하였고, 또 다른 이는 민간의 투자행위와 '비영리 도시개발'이라는 화두는 개념부터 모순되는 '양립불능관계'라고 주장하는 사람도 있었고, 자본주의에 대한 도전 내지는 사회주의자라는 주장을 듣기도 하였다.

우리 사회는 모든 투자를 수익으로 결부하지는 않는다. 우리 사회에는 민간투자사업 임에도 불구하고 재산상의 이익을 꾀하지 않으며, 우리 사회의 성장과 공익을 위하여 매우 중요한 역할을 수행하는 '순공익사업(純公益事業)'이 우리 주위에 상당히 많이 존재함을 알고 있다. 민간의 '순공익사업'은 공공의 복리를 위하여 투자되고 비영리로 경영하는 사업들로서 학교, 도서관, 박물관, 미술관 등이 있다. 따라서 우리의 성숙한 시민의식은 '민관합동 도시개발사업'이 '순공익사업'의 정신을 계승하는 '공익적 도시개발'로의 추진할 경우에는 국민으로부터 많은 지지를 받을 수 있다고 생각되었다. 지금까지 우리 사회에서 민관합동 도시개발사업을 '순공익사업'과 같은 '공익적 도시개발'방식으로 추진한 예가 없기 때문인 점과 '비영리 도시개발사업'이란 단어가 존재하지 않아서 비영리 도시개발이 존재하지 못하였을 수 있다.

"비영리 도시개발"은 지방정부가 민간의 자본을 유치하여 추진하는 관광 및 도시개발과 같은 부동산 개발사업을 적용 대상으로 하며, 민간참여자의 이익배당 없이 시민(지방정부)에게 개발이익을 환원하는 공익형 비영리프로젝트 프로그램이다. 앞에서 설명과 같이 '개발이익 시민환원제'는 환원이 주제임으로 정부가 강요하여서는 아니 될 것이다. 가령, '개발이익 시민환원제'를 입찰이나 공모방식으로 정부가 추진할 경우, 사유재산에 대한 과도한 공권력의 침해로 여겨질 수 있으며, 이익의 전액 환원이라는 부분이 정부의 강요적인 '환수' 행위로 사회주의 논란을 불러올 수 있다. 따라서 '비영리 도시개발'과 '개발이익 시민환원제'는 민간의 자발적인 사회적 기업 활동으로 민간이 공공에 제안할 수 있도록 하여야 하며, 정부는 공익적 사업제안을 유도하는 정책을 수립함이 바람직할 것이다. 이 책에서의 '비영리 도시개발'과 '개발이익 시민환원제'는 민관합동 개발사업에 한정하기 때문에 공공개발방식과 민간개발방식에 대하여는 논하지는 않을 것이다. 그리고 이 책에서 다른 이의 주장과 인용들은 표기가 될 것이나 전문적이거나 도시계획, 교통, 환경, 문화제, 재해 등 공학적인 사항은 전문가 자문이나 전문서적의 인용 없이 필자의 경험에 따른 생각을 두서없이 서술할 것이기 때문에 독자 분들의 이해와 넓은 아량을 미리 구한다. 그리고 어렵더라도 최초의 '비영리 도시개발'과 '개발이익 시민환원제'가

제안되어 시행된다면 제2, 제3의 '개발이익 시민환원제'가 시행되어 우리 사회에 자리 잡을 수 있을 것으로 기대되며 부동산 투기근절과 우리 사회의 부의 불균형 해소 및 부의 재분배 기능에도 일조할 것이다. 따라서 필자는 최초의 비영리 도시개발을 제안하고자 한다.

5.1. 민관합동 도시개발사업 특수목적법인 출자 구조

민관합동 도시개발사업의 특수목적법인 출자금과 출자구조에 대하여 대장동사건으로 다시 한번 예로 들어보자. 대장동 도시개발의 총사업비는 약 1조 5천억 원으로 추정되고, 특수목적법인(성남의 뜰) 자본금액은 50억 원으로 0.33%에 불과하며, 대부분의 사업비는 PF대출로 조달하여 충당하였다. 단편적인 결과로 보면 제2종 우선주식을 보유한 금융기관의 출자(이익배당에 비참가적이며 누적적 이자배당)금을 제외한 성남도시공사와 민간출자자가 출자한 합계 출자(투자)금은 28.5억 원으로 성남도시공사(우선주)가 약 25억 원이며 민간출자자(보통주)가 3.5억 원이다. 성남도시공사와 민간출자자인 화천대유자산관리와 SK증권특정금전신탁(천하동인1~7호)의 출자금에 대하여 손실 위험을 부담하는 투자금으로 인식하고 금융기관 출자금은 대출금 성격으로 분류하였다. 따라서 전)성남도시공사 윤정수 사장의 '대장동을 말하다'에서와 같이 특수목적법인(성남의 뜰)은 약 9,300억 원 상당의 사업(개발)이익이 발생하였다고 전하였다. 위 기준으로 볼 때 출자(투자) 대비 투자수익율은 무려 32,600%에 해당한다. 위 사업(개발)이익 중 5,311억 원을 성남시가 공익환수 하였다고 하고 민간참여자 화천대유 및 SK증권특정금전신탁(천하동인1~7호)에게 4,039억 원이 이익배당 되었다고 한다. 위 설명과 같이 대장동사건을 보더라도 특수목적법인의 출자(투자)금은 전체 사업(투자)비에 대비하면 0.33%에 불과한데 특수목적법인의 출자금을 기준으로 개발이익을 분배(배당)하는 현행의 제도는 합리성에서 치명적 문제점이 드러났다. 대장동사업과 같이 지금까지 대부분의 민관합동 도시개발사업 특수목적법인은 도시개발법 제11조 제1항 11호 및 동법 시행령 제18조 제8항 규정에 따라 설립하는 데 도시개발법 제22조에서 정하는 토지소유자 동의 예외규정의 적용을 위하여 지방정부(지방공사 포함)가 특수목적법인 발행주식의 50% + 초과(1주)를 취득한다. 또한 특수목적법인은 상법상의 주식회사 형태로 설립하며, 주식회사가 발행하는 주식 중에 보통주식를 취득한다. 그리고 대부분 민관합동사업에서 개발이익을 배당받을 수 있는 보통주식은 금융출자자를 제외한 지방정부(지방공사), 건설출자자, 시행출자자, 그리고 기타 전략출자자들이 대부분 선택하고 출자하여 왔다.

한편, 민관합동 도시개발사업에 참여자 구성을 업무영역과 참여의무로 분류하면 다음과 같다. 1차적으로 공공출자자와 민간출자자로 분류되고, 2차적으로 공공출자자는 지방정부와 지방공사로 민간출자자는 건설출자자, 재무출자자, 시행출자자, 전략출자자, 기술출자자 등으로 분류한다. 건설출자자는 책임준공 등의 의무를 부담하며 단지조성공사를 담당하고, 재무출자자는 금융기관으로서 Project Financing 주관사로 대주단을 모집하여 후순위 사업비를 제외한 필수사업비를 단독 또는 신디케이션론(Syndication Loan) 방식으로 타인자본(PF대출) 조달업무를 수행한다. 시행출자자는 사업기획 및 관리, 홍보와 전략적출자자 모집을 포함한 분양 업무 등 사업의 시행업무를 총괄하며, 전략출자자는 조성공사가 완료될 것을 조건으로 토지를 매입하여 직접 사용할 용지의 매입자로서 Project Financing 매입확약 등의 신용제공을 제공한다. 기타 기술출자자는 설계 및 환경, 교통, 재해 등의 영향평가 및 엔지니어업무를 담당한다. 민간출자자의 특수목적법인 주식취득은 앞서 설명과 같이 재무출자자들을 제외하면 대부분 보통주를 당사자 간 협의하여 취득하고 비율에 따라 개발이익을 배당받아 왔다. 또한 민간출자자 당사자 간 협의과정에서 본인 또는 다른 당사자가 취득한 주식과 관련하여 다른 당사자와 콜옵션(Call Option)과 풋옵션(Put Option) 등 교차 옵션을 약정하는 경우도 있다.

5.2. 비영리 도시개발 특수목적법인 구조 설계

'비영리 도시개발'과 '개발이익 시민환원제'를 위한 민관합동 도시개발사업의 특수목적법인 주식 구조는 지방정부가 개발이익 배당권과 회사의결권이 있는 "보통주"를 반드시 취득하고 대장동과 반대로 민간참여자는 회사의결권은 있으나 배당권이 없는 금융기관과 동일한 "종류주식" 또는 "우선주식"을 취득하는 구조로 설립되어야 한다. 이와 같은 주식 취득 결과는 개발이익 전부가 지방정부 보통주식에게 귀속되어 '개발이익 시민환원제'가 실현되게 할 것이다. 다만, 위 과정에서 민간참여자들은 금융출자자들과 같이 출자금에 대한 일정한 수준의 금리배당으로 이자의 지급이 이루어져야 하며, 이자 지급은 보통주보다 우선하여 배당받기 때문에 민간참여자들의 출자(투자)금과 이자 소득은 안정적으로 회수 및 보장될 것이고 개발이익은 시민에게 환원되는 결과가 연출될 것이다.

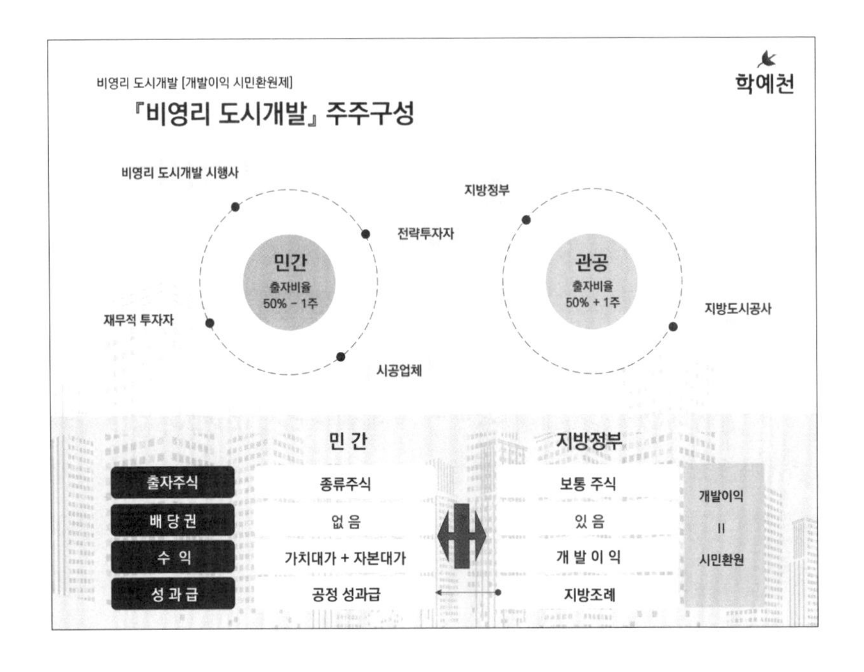

현행 민관합동 도시개발은 민간의 과다한 개발이익을 방지하고 경쟁을 통하여 개발이익의 최대 환수라는 장점을 기준으로 공모방식으로 추진한다. 공모 평과 과정에서 지방정부에 개발이익을 최대한 환원하는 민간사업자에게 가점을 부여하여 선정하는 방식이다. 하지만 개발이익 전액을 환원할 것을 전제로 하는 비영리 도시개발은 제안방식으로 하여야 한다. 개발이익의 전액을 환원하기 때문에 민간컨소시엄에 대한 변별력이 없기 때문이다. 다만, 민간은 제안자가 제안하는 사업을 수행할 수 있는 능력에 관하여서는 검증이 필요하나 도시개발법 제11조에서 민간시행자들에 대한 각각의 최소한 개발능력을 대통령령으로 규정하고 있기 때문에 개발능력 검증 또한 기존의 도시개발법 적용으로 문제가 될 수 없다. 그리고 이렇게 능력을 보유한 민간참여 예정자가 '비영리 도시개발'을 제안하는 행위는 개발이익을 시민에게 환원하겠다는 뜻과 동일하다. 그리고 '비영리 도시개발'에 있어서 민간참여자들이 제공하는 노동과 기술 등의 고유한 업무영역에 대한 통상적인 영업이익이 안정적으로 보장될 수 있도록 하는 가이드라인도 반드시 준비되어야 한다.

그동안 우리가 보아온 일부 민관합동 도시개발사업은 투자가 아닌 투기에 가깝다. 따라서 정부가 비영리 도시개발을 제안할 수 있도록 제도를 마련하고 제안하는 민간참여사에 대하여 인센티브를 제공하는 등 경제민주화 유도정책의 마련이 절실하다.

"도시개발은 공익적이여야 하며,
개발이익은 시민에게 환원되어야 한다."

6

비영리 도시개발의 재원조달

비영리 도시개발사업에서의 자금조달 또한 프로젝트파이낸싱(PF : Project Financing)방식으로 조달한다. 따라서 Project Financing은 비영리 도시개발사업의 필수사항이며 project의 시작이자 끝이라고 해도 과언이 아니다. 앞서 설명한 바와 같이 Project에 소요되는 대부분의 사업비가 Project Financing로 조달되기 때문에 Project Financing을 일으키지 못하면 비영리 도시개발사업은 중단되거나 좌초된다. 따라서 부동산개발 Project Financing을 이해하지 못하면 비영리 도시개발사업의 구조와 과정을 이해할 수 없다.

Project Financing은 금융기관이 사용하는 금융상품의 일종으로 Project Financing을 이해하기 위하여 금융에 대한 전반적 이해도 필요하다. 금융은 화폐에 대한 가치저장으로서의 유통을 의미한다. 돈이 있는 사람(예금자, 대주, 흑자주체)으로부터 돈이 필요한 사람(대출자, 차주, 적자주체)으로 이동하는 예금과 대출, 현금과 자산의 교환거래와 관리 등을 금융이라

하며, 은행, 증권, 보험, 캐피탈, 카드사, 자산운용사, 종합금융, 신용평가회사 등과 같이 금융을 주업으로 하는 회사들을 총칭하여 우리는 금융기관이라 한다. 금융영업은 가계와 기업으로 구분하고, 상품으로 예금과 대출로 구분하며, Project Financing은 특성화된 기업대출 상품의 한 종류에 속한다. 일반적 기업대출은 Corporate Financing(CF)으로 담보/보증대출을 의미한다. Corporate Financing은 기업이 금융기관으로부터 자금을 차입할 때 기업의 신용을 기초로 차입하지만 일반적으로 Recourse Loan의 형태를 취한다. Recourse Loan은 대출자의 담보가 대출액에 미달할 경우 제3자의 보증을 통해 신용이 조달되어야 하며, 대출기업이 Default된 경우 보증인의 자산을 추적하거나 법적 조치를 취해 상환하게 만드는 것을 말한다. 따라서 Project Financing은 기존의 Corporate Financing과는 새로운 개념의 대출로서 차주의 담보물과 신용을 기반으로 하지 아니하고 차주가 추진하는 특정 사업에서의 예상 수익을 기초로 하여 대출이 이루어진다는 것이 특징이다. 담보제공은 특정사업자산으로 한정되며, Project Financing에 제공된 특정자산에 대하여는 외부로부터 추가 담보 및 보증인을 받지 않는 Non-Recourse Loan의 특징도 포함한다. 추진하는 사업계획의 현금흐름과 사업계획에 관한 리스크를 분석, 평가하여 사업계획의 미래 실현가능성을 최대화하는 한편, 현금흐름이 계획대로 이루어지지 않을 위험요인을 최소화하는 수정된 계획으로 현재부터 미래의 현금흐름을 순현재가치(NPV)로 환산하여 사업의 가치를 계산한 후 대출액을 결정하는 금융기법이다.

이러한 Project Financing의 탄생은 1920년대 미국의 유전개발 사업에서 활용되어 국내에도 도입되었다. 현재 대규모 투자가 요구되는 가스, 석유와 같은 에너지개발이나 도로, 항만, 발전소와 같은 사회간접자본 투자에 많이 활용되는 금융기법 중 하나이다.

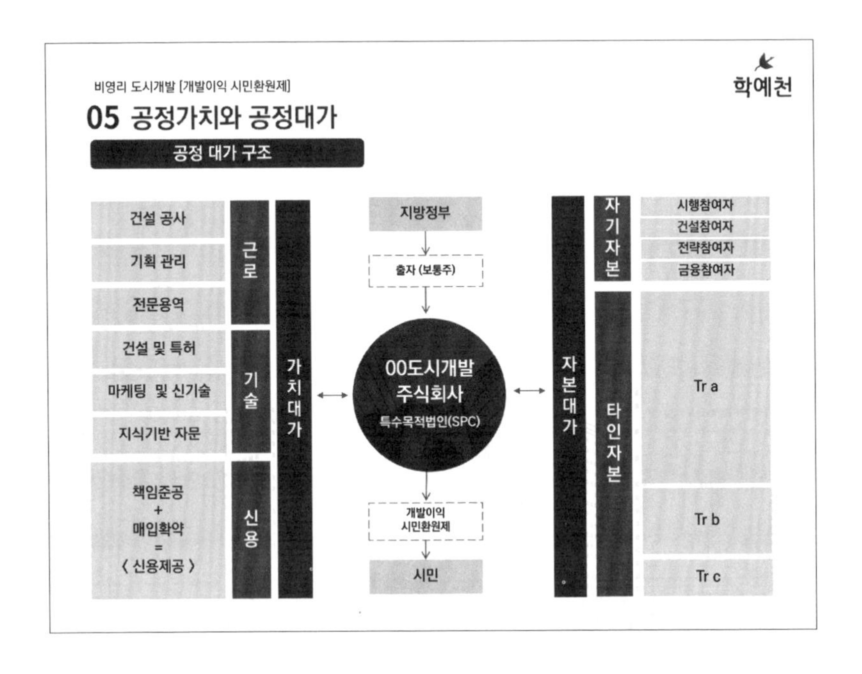

이론적 배경은 간단해 보이지만 Project Financing은 국내 금융권에서도 최상위 난이도의 대출계 끝판왕 금융상품이라고 할 수 있다. 일차적으로 은행은 개별적 담보나 과거 수익으로 현재의 신용을 평가하여 원금확보가 가능한 범위의 안정적인 대출을 취급한다. Project Financing은 금융기관의 고유업무와는 전혀 다를 뿐만 아니라 경험하지 못한 어느 특정 사업의 사업계획을 검토하고, 현금 흐름을 분석하며, 리스크를 평가하여 사업의 가치를 부여하는 것 자체가 매우 어렵고, 사업이 계획대로 추진될 수 있는

지의 실현가능성에 대한 판단도 불분명하다. 또한 사업계획을 검토하려면 무엇보다 해당 사업의 전반에 대하여 다양한 경험의 축적과 노하우가 필요하며 폭넓고 해박한 전문지식도 요구된다. 사업을 실행할 지역의 문화, 정치, 기후와 환경, 교통, 시민의 지지 혹은 반대 등의 여론 동향, 법과 세금에 관한 사항과, 사업의 수익창출 시점과 해당 시점을 기준으로 시장의 변동성 예측, 실제 사업 운영 주체 SPC의 주주총회, 이사회, 운영위원회와 감사체계, 컨소시엄 참여자들 간 권한과 의무의 경계, SPC 내부와 외부 이해관계자 간의 분쟁 처리방안, 사업의 리스크에 대비한 적절한 대출액과 금리 기준, 자문수수료, 인출수수료, 중도상환수수료, Default에 대한 적극적 준수사항과 예비적 준수사항, 위반에 대한 적정한 유예기간의 설정, 대출의 상환방법 등의 대출조건이 수십 가지에 달한다. 최고의 법률자문, 기술자문, 회계자문, 세무자문 등으로 대출을 위한 수수료로만 수십억 원이 소요되는 경우도 다반사로 발생하는데 프로젝트가 중단되거나 취소되는 경우 손실비용도 매우 크다. 하지만 이와 같은 문제들의 검토가 미진한 경우 수천억 원에서 수조 원대의 원금손실이 발생하는 것은 순간이며, 이와 유사한 부산저축은행의 Project Financing 부실 대출과 파산은 우리 사회에 매우 큰 혼란과 수만 명의 고객 피해 경험은 오래된 이야기도 아니다.

국내에서 Project Financing이 부동산개발 사업에 활용되기 시작한 것은 1990년대 후반 우리나라가 외환위기를 거친 이후로 본다. 외한위기 전후로는 건설회사가 대출을 일으켜 땅을 사고 분양을 책임지는 Corporate Financing방식이 대부분으로 시행과 건설 투자 리스크 모두를 건설사가 부담하는 방식이었다. 그러나 외환위기를 전후하여 건설회사가 부동산개발 특히 아파트개발과 관련하여 비자금조성 등의 정치권을 동원한 비리문제, 건설회사의 무리한 토지확보와 사업 확장으로 대량의 미분양이 발생하는 등의 사유로 법정관리 신청이 늘어나면서 정부가 시행, 시공을 분리하는 정책 전환과 더불어 기획, 인허가, 홍보, 분양판매 등 개발사업을 전담하는 전문시행사(Developer)가 등장하며 건설사는 시공에 집중하는 방식으로 발전하였다.

6.1. 비영리 도시개발 PF 기초자산 (NUD PF Foundation Asset)

Project Financing에 관하여 학교나 학원 또는 아카데미나 인터넷을 통하여 다음과 같이 배운다.

"Project Financing은 특정 Project(SPC)의 미래 현금흐름을 기초자산으로 하여 대출을 일으키는 금융상품이다."

하지만 필자의 다음 질문에 당신이 친구의 친구 즉 이해관계 없던 제3자에게 돈을 빌려줄 수 있다면 당신은 Project Financing을 이해한 것이다.

『"당신의 친구에 친구는 무한한 상상력을 발휘하여 한 번도 경험하지 못한 새로운 사업을 계획하여 당신 친구의 소개로 당신에게 사업계획을 설명한다. 친구의 친구임으로 성향과 능력은 알 수 없지만 사업계획은 좋은 아이디어라고 생각이 든다. 그러나 사업계획과 미래 현금흐름(수입)을 검증하거나 확인할 방법은 당신에게 없다. 그리고 제안자는 사업비 1%의 지기부담으로 당산에게는 80%의 투자를 요청하고 있으나 당신의 투자금에 대하여 물적인 담보나 상환을 보증할 연대보증인과 같은 신용보강 방안 또한 없다고 한다. 따라서 경기의 둔화 또는 예상할 수 없는 상황이 발생할 경우 사업이 실패할 수 있으며, 실패할 경우 당신의 투자금은 회수 불능 상태에 처할 것이 자명함으로 투자금 전액은 손실로 처리될 것으로 예상된다.

당신은 친구의 친구가 만든 사업계획만으로 사업비 대부분을 투자 결정할 수 있겠는가?"』

예시와 같이 국내 금융기관뿐만 아니라 우리 중 어느 개인도 처음 만나는 사람이 가져온 처음 접하는 사업계획과 그 사업계획의 미래현금흐름을 기초로 Project Financing을 실행할 수 없다. 그럼에도 불구하고 교육현장에서 국내 Project Financing 금융시장은 정통 Project Financing와 같이 현금흐름을 기초자산으로 하지 아니하고 변형되거나 왜곡된 Project Financing 금융이라고 많이 주장들 한다. 이러한 주장은 우리나라 부동산 Project Financing 금융시장의 역사가 오래되지 못한 이유도 있지만 금융을 이해하지 못한 이유도 상당하다고 본다. 대한민국은 자유민주주의 국가이며 자본주의(시장경제) 운영체제임에도 불구하고 학교 교육과정에서 자본, 돈, 대출(금융)에 관하여 교육을 하지 않는다. 더 놀라운 일은 우리 사회에서 자본, 돈, 경제, 대출 등에 대하여 조금은 민망하거나 도덕적이지 못한 행위와 비슷하게 취급하여 기피하기도 한다. 그래도 우리 모두는 대박을 터트려 부자가 되길 매일 꿈꾼다.

부동산개발 Project Financing을 이해하기 위하여 금융원리 중 대출의 원리부터 보도록 하자. 대출금융의 원칙은 기초자산 〉 현금흐름 〉 신용보강 그리고 이들 모두를 합친 것이 '대출 상품'이다.

위 대출원칙을 다시 풀자면 기초자산으로 대출하고 현금흐름으로 상환하며 기초자산의 담보력이 부족하면 신용을 보강하고, 현금흐름이 불확실해지면 추가로 신용을 보강해야 한다는 것이다. 비영리 도시개발사업 Project Financing의 최고의 기초자산은 대장동과 같이 모두가 원하는 최고의 요충지에 확실한 분양성일 것이다. 따라서 수도권 요충지로부터 멀어질수록 분양성이 의심되며 사업성이 불투명해지면 투자 결정은 점점 더 어려워진다. 따라서 다음과 같은 비영리 도시개발 Project Financing 기초자산과 신용보강이 필요하며 기초자산은 물적담보와 신용담보로 구성된다. 물적담보는 사업부지와 같은 토지 담보와 공사보험금 청구권 등이 있으며, 신용담보는 책임준공, 매입확약, 자금보충의무와 같은 민간참여자의 신용과, 공공참여자의 행정지원과 보상법과 같은 법률이 신용담보에 속한다. 도시개발사업에 있어서 물적 담보 활용이 가능한 사업용 토지는 Project Financing 조달금액의 30%~45%에 해당함으로 물적담보와 신용담보 비율은 대략 40% : 60% 전후로 추정됨으로 Project Financing은 신용대출 비중이 높기 때문에 금리는 다소 높은 편이다. 따라서 높은 신용대출 금리를 저감하는 방법은 신용이 높은 건설회사와 전략출자자의 매입확약 제공이 현실적 방안임으로 NUD PF 기초자산으로 활용된다. 그리고 도시개발사업에서 중요한 부분이 인허가 리스크이고 이점을 보완할 수 있는 방법이 공공참여자의 행정지원과 보상법의 인용이다. 결과적으로 공공참여자가 법률적, 행정적 신용을 보강하고, 민간참여자가 사업기술과 대위변제와 같은 재정적 신용보강을 더함으로써 비영리 도시개발의 신용을 완성하여 투자가 이루어지는 구조라 할 수 있으며 각각의 PF 기초자산에 대한 설명을 하고자 한다.

6.1.1. NUD PF 기초자산1 '토지담보'

국내 Project Financing 대출의 첫 번째 기초자산은 부동산 담보다. 비영리 도시개발사업 구역 내에 위치한 개발용 부동산 담보가 Project Financing 첫 번째 기초자산이 된다. 대부분의 도시개발사업에서 취득하는 토지는 총 투자비 대비 50%를 상회하나 부동산 매입에 투입되는 비용 전액이 담보화 할 수 없으며 토지담보 기초자산의 일부분에 그친다. 그리고 총 사업비 대비 토지매입비용 비율은 수도권과 같은 고밀도 도시지역으로 갈수록 높은 토지가격으로 인하여 토지 비용률이 증가하고, 건설 비용률이 감소하는 반면에, 비수도권으로 갈수록 토지 비용률이 감소하고, 건설 비용률은 증가한다. 이 같은 건설 비용률 변동성은 시골지역과 대도시지역에 구분 없이 택지를 조성하는 면적당 공사단가가 고정되거나 비슷하기 때문이다. 그리고 투입된 토지매입비에 비하여 Project Financing 대출 인정 담보 가치는 현저하게 낮아진다. 첫 번째로 지상 건축물은 보상매입 후 택지조성을 위해 모두 철거하거나 멸실됨으로 매입에 비용이 소요되나 담보로서의 가치는 소멸되기 때문이다. 두 번째로는 조경시설 및 수목, 구조물, 농작물과 같은 지장물과 영업손실, 영농손실, 이주비 및 이주합의사항 등 손실보상비용에 소요되는 비용들 또한 전액 손실비용으로 처리됨으로 담보로서의 가치 또한 소멸하여 담보 활용이 불가능해진다. 결과적으로 Project Financing 대출 인정 토지담보 가치는 대략 투입비용 대비 60~75% 정도이며 Project Financing 대출금 중 토지담보 기초자산 담보율은 대략 30%~40% 내외로 추정된다. 따라서 나머지 Project Financing의 60%~70%는 신용대출에 해당함으로 다음으로 설명될 건설사의 책임준공과 전략출자자의 매입확약 등의 기초자산으로 신용이 보강되어야 할 것이다.

6.1.2. NUD PF 기초자산2 '책임준공'

국내 민관합동 도시개발사업에서 대장동과 같이 사업성이 보장된 전략적 요충지를 제외한다면 최우선적으로 고려하여야 하는 도시개발사업 PF 기초자산은 건설사의 '책임준공보증'이다. 민관합동 도시개발사업에서의 건설사 "책임준공보증"을 요약하자면 Project Financing 대출기한 내에 건설회사가 책임을 지고 사업(또는 공사)을 준공할 것임을 보장하는 약정에 해당한다. 일반적으론 건설회사가 공사설계나 시방서 내역에 따라 천재지변이 발생을 제외하고 공사기한 내에 시공을 완료하는 것은 당연한 의무에 해당되며 공사기한 미준수시 지체상환금을 배상하여야 한다. 그러나 PF에서 말하는 '책임준공'은 우리가 일상적으로 사용하는 '책임지고 준공하겠다'와는 차원이 다른 이야기로서 지체상환금 배상을 넘어 'Project Financing 대출금 전액을 대위변제 하겠다.'는 의미를 포함하는 책임적 보증이다. 또한 공사기한에 있어서 Project Financing 약정 이후 발생할 수 있는 법률개정, 기후환경변화, 현장의 여건변화, 기타 우발적으로 발생하는 기타의 모든 사유(천재지변을 포함한다.) 등 이유 여하를 불문하고 기한 내에 단지조성이 미 준공될 경우, 시공사는 Project Financing 대출금 전액 또는 미상환된 Project Financing 대출금 잔액을 대위변제하겠다는 보증이라는 점이다. 여기에서 말하는 '이유 여하를 불문하고'는 공사비의 부족, 공사대금의 지급지연 등 모든 이유를 불문하며 시공사의 자체비용으로 우선적으로 공사를 준공하라는 내용의 '무조건적 책임준공'이라고 해석하여도 과언이 아닐 것이다.

이러한 책임준공은 건설회사 입장에서 도시개발사업에서 리스크로 가중된다. 건설회사 입장에서 공동주택 개발사업은 사업비의 대부분이 건설사가 수주하는 공사비인 반면 토지비용은 일부에 지나지 않음으로 공동주택개발 Project Financing 대부분이 자신이 수행할 공사비에 충당됨으로 책임준공보증 결정이 용이하다. 하지만 도시개발사업의 경우, Project Financing 대출금의 절반 이상이 토지 보상비이며, 환경, 교통, 농지, 산지, 하수도, 상수도 등의 도시기반 시설부담금, 토지 보상비로 인한 장기간의 Project Financing 대출이자 등의 비용이 대부분을 차지한다. 이와 같이 책임준공 보증금액에 비하여 건설사가 수주하는 도급공사비는 Project Financing 보증금액 대비 16%~21%에 불과하고, 공사로 인한 건설수익은 Project Financing 책임준공 보증금액에 비하면 2%~4% 내외에 불과하다. 따라서 공동주택 개발의 경우와 민관합동 도시개발사업 경우를 비교하더라도 상대적으로 건설회사 입장에서 비효율적인 보증으로 여겨질 여지가 매우 높은 보증이 도시개발사업 책임준공 보증이다. 그리고 개발기간이 단기적이고 사업초기에 분양결과로 사업의 성공여부를 알 수 있는 공동주택 개발사업과는 반대로 민관합동 도시개발사업의 성공여부는 최소 5년 이상 소요되는 장기사업이며, 미래의 불확실성으로 인하여 사업이 중도에 좌초되거나 어려움에 직면할 경우 대위변제 금액이 공사수주 이익금액 대비 몇십 배에서 백배까지 달할 수도 있다. 따라서 책임준공이라는 단어적 의미는 쉬워 보일 수 있지만 내용적 의미는 매우 높은 위험도와 많은 책임이 요구되는 Project Financing 기초자산에 해당됨으로 고도의 도시개발 지식이 요구된다.

더불어 책임준공을 부담하는 시공사의 신용등급은 민관합동 도시개발 사업의 Project Financing 조달 금리의 기준으로 직접적으로 작용한다. 따라서 비영리 도시개발에서 시민에게 환원되는 개발이익의 증감의 원인이 됨으로 책임준공 시공사의 낮은 신용등급은 시민에게 환원되어야 할 개발이익을 자금조달 비용으로 소진하는 결과를 낳을 수 있다. 이와 같이 건설회사의 '책임준공'은 민관합동 도시개발사업에서 개발용지의 용도변경이 완료되는 시점을 의미하며 책임준공으로 토지의 가치가 상승하면, Project Financing 신용담보가 물적담보로 확정 전환되는 효과를 가져오기 때문에 책임준공은 비영리 도시개발 Project Financing에서 매우 중요한 기초자산이며 필수요소이다.

6.1.3. NUD PF 기초자산3 '전략출자자'

다음으로 민관합동 도시개발사업 Project Financing은 건설사의 책임준공 외에도 장기사업에 따른 장래 미분양 리스크가 항상 존재한다. 민관합동 도시개발에서 과도한 미분양은 책임준공에도 불구하고 SPC를 파산으로 내몬다. 책임준공은 토지의 담보가치 상승을 기대할 수 있지만, 토지의 담보가치 상승이 미분양을 방지하거나 미분양 해소의 원인을 제거할 수는 없다. 따라서 현실적인 미분양 Risk Hedge는 시행사의 '전략출자자(선매입 확약자 또는 토지의 직접사용자)'모집에 의존할 수밖에 없으며, 전략출자자는 비영리 도시개발사업 Project Financing에서 매우 중요한 기초자산으로 활용된다.

도시개발사업 Project Financing은 공동주택개발과 같이 건축개발 Project Financing과는 차원이 다르다. 공동주택개발 Project Financing의 경우 건설사와 금융사 모두가 많은 사업경험을 바탕으로 상당한 노하우를 축적하고 있으며 리스크 관리도 시스템화 되어 있을 뿐만 아니라 미분양 Hedge에 대하여도 전세전환 등 다양한 방안들이 대안으로 활용될 수 있다. 하지만 도시개발사업은 토지개발을 목적으로 하기 때문에 준공이 되어도 토지는 임대도 어려우며, 임대토지의 사용용도 또한 매우 제한적이기 때문에 분양 외에는 달리 미분양 대안을 마련한다는 것은 현실적으로 불가능에 가깝다. 또한 민관합동 도시개발사업은 개발기간이 매우 긴 장기 프로젝트이기 때문에 세상의 어느 전문연구기관도 먼 미래의 분양성을 예측하고 예측을 보증하기란 현실적으로 불가능하다. 따라서 민관합동 도시개발사업에서 미래 미분양 리스크를 최소화할 수 있는 유일한 대안은 신용 있는 기업의 매입확약으로써 시행사의 전략출자자 우선모집 및 확보가 비영리 도시개발사업의 안정성 기준이 될 것이다.

따라서 민간이 비영리 도시개발을 지방정부에 제안하거나 지방정부가 도시개발사업의 추진을 위하여 민간사업자를 공모 등의 방법으로 선정할 경우에도 미래 분양성에 대한 Risk Hedge를 위하여 전략출자자의 모집과 참여는 필수라고 할 수 있다. 대략 2016년을 전후하여 경기도와 수도권, 부산 등의 광역시는 민간이 요청하는 일반산업단지개발에 대하여 실사용자 사전확보를 확인하는 행정절차를 추가하였는데 이 또한 준공 전후 미분양의 방지의 일환으로 포함되었다는 사실은 도시개발사업에서도 시사하는 바가 크다. 미분양으로 개발이 중단될 경우 사업장이 장기 방치되어 경관이 훼손되며 자연 재해 위험은 덤으로 따라온다. 또한 사업의 정상화에도 많은 시간이 소요될 것이기 때문에 지속적으로 주민들의 피해와 불편을 야기할 것이다. 일반산업단지개발과 도시개발을 추진함에 있어서 시행사는 '사업기획 단계에서 Project Financing 약정 체결 전 또는 Project Financing 최초 인출 전까지 전체 분양면적 대비 최소 50% 상당의 토지의 직접 사용자(매입확약자로 불리며, 매입확약자가 특수목적법인 출자 참여 시 '전략출자자'라 표기함)의 모집'을 통하여 미분양을 대비한다. 다만, 토지의 직접 사용자는 직접 사용할 토지에 대하여 향후 예상 감정가격 이상의 신용을 반드시 확보 및 보장되어야 하며, 예상 감정평가액의 5%~10% 상당의 증거금 납부도 가능하여야 NUD Project Financing 전략출자자 기초자산으로 활용될 수 있다.

시행사가 토지의 직접사용자 모집을 해태하면 프로젝트의 사업성이 치명적으로 저하될 것이며, 기초 신용자산 부족은 시공사에게 추가적인 신용보강으로 전이될 수 있다. 그리고 이와 같은 사업성 저하는 향후 분양에 실패할 경우, 대출 상환이 불가능하게 하며 특수목적법인은 부도위기에 처할 것이 자명하게 된다. 현재도 미분양을 해결하지 못해 특수목적법인이 파산하거나 시공사가 프로젝트 채무를 인수하는 일들이 종종 발생하고 있으며 필자나 관련업 종사자들은 직간접적으로 경험하고 있는 현실이다.

6.1.4. NUD PF 기초자산4 '행정지원'

지방정부가 민관합동 도시개발사업을 추진한다고 하더라도 Project Financing에 대한 채무(우발채무 포함)를 부담하는 경우는 극히 드물다. 만일 채무의 일부분을 부담하려 할 경우라도 관련 법령과 절차를 이행하여야 하며, 승인절차만으로도 상당한 시간이 소요되고 어려움은 곳곳에 산재되어 있다. 필자 또한 지방정부가 민관합동 도시개발사업 Project Financing의 채무를 부담하는 행위는 바람직하지 못하며 최대한 지양하여야 한다고 생각한다. 지방정부는 국민의 세금을 안정적이고 투명하게 운용하는 제정사업에 특화되어 있고 제정사업에는 투자손실 또는 우발채무 등의 개념이 존재할 수 없거나 최대한 피하여야 된다. 다만, 지역경제에 기반이 되는 일반산업단지 개발사업의 경우에 한하여 지방정부가 전체산업용지 대비 일정비율 면적 이하로 한정하여 '준공 후 미분양' 용지를 조성원가로 매입하는 "미분양 용지 매입확약"과 같은 신용을 제공하여 일반산업단지개발 Project Financing 기초자산으로 활용하는 경우가 간혹 있다.

지방정부의 인허가 행정지원 또한 비영리 도시개발 Project Financing의 중요한 기초자산으로 활용된다. 도시개발 인허가는 개발계획, 교통, 환경, 재해, 민원, 교육, 방범, 소방 등에 대하여 중앙정부와 관계기관 협의, 각종 심의 절차 등 짧게는 1년에서 길게는 몇 년이 소요되는 행정절차이다. 지방정부는 인허가 행정에 대하여 제정 사업이든 민간의 신청 사업이든 인허가 행정지원의 달인으로 평가받는 최고 경력의 인적자원임은 누구도 부인할 수 없을 것이다. 따라서 지방정부의 행정지원은 인허가 Risk를 Hedge하는 Project Financing의 중요한 기초자산으로 평가될 수 있으며, 공공이 제공할 수 있는 최고의 신용제공이라 할 수 있다.

6.1.5. NUD PF 기초자산5 '보상법의 인용'

대부분의 민관합동 도시개발사업은 도시개발법 제11조 제1항 제11호 및 동법 시행령 제18조 제8항 제1호 규정에 따라 지방정부(지방공사)가 100분의 50 비율을 초과하는 특수목적법인을 계획 설립한다. 위 규정의 특수목적법인은 도시개발법 제22조 제1항 단서조항에 따라 도시개발사업에 필요한 토지 등을 수용하거나 사용할 수 있기 때문이다. 따라서 도시개발법 제11조 제1항 제11호, 같은 법 제22조 제1항 단서조항에 의거하여 지방정부가 50% 비율을 초과하여 설립한 특수목적법인은 토지 등의 수용 또는 사용에 관하여 도시개발법에 특별한 규정이 있는 경우 외에는 「공익사업을 위한 토지 등의 취득 및 보상에 관한 법률」을 준용을 받으며, 「공익사업을 위한 토지 등의 취득 및 보상에 관한 법률」을 준용할 때 제5조 제1항 제14호에 따른 수용 또는 사용의 대상이 되는 토지의 세부목록을 고시한 경우, 같은 법 제20조 제1항과 제22조에 따른 사업인정 및 그 고시가 있었던 것으로 본다. 다만, 재결신청은 같은 법 제23조 제1항과 제28조 제1항에도 불구하고 개발계획에서 정한 도시개발사업의 시행 기간 종료일까지 하여야 한다.

도시개발법 제1항 단서조항 규정을 적용받지 못하는 시행자(도시개발법에 따라 민간만으로 구성된 특수목적법인)는 '사업대상 토지면적의 3분의 2 이상에 해당하는 토지를 소유하고, 토지소유자 총수의 2분의 1 이상에 해당하는 자의 동의를 받아야 한다. 이 경우 토지소유자의 동의요건 산정기준일은 도시개발구역지정 고시일을 기준으로 하며, 그 기준일 이후 시행자가 취득한 토지에 대하여는 동의요건에 필요한 토지소유자의 총수에 포함하고 이를 동의한 자의 수로 산정한다는 규정의 적용을 받아야 한다.'라고 규정하는바, 민간만으로 구성된 특수목적법인은 대규모 도시개발에서 사업대상 토지면적의 3분의 2 이상에 해당하는 토지를 소유한다는 것 자체가 현실적으로 불가능할 것이기 때문이다. 따라서 앞의 서술한 바와 같이 「도시개발법」 및 「공익사업을 위한 토지 등의 취득 및 보상에 관한 법률」에서 규정하는 민관합동 도시개발사업의 특수목적법인이 도시개발사업에 필요한 토지 등의 수용 및 사용권은 Project Financing의 중요한 기초자산이다.

Project Financing 기초자산을 종합하면 민관합동 도시개발사업 Project Financing은 토지담보, 책임준공, 전략출자자, 행정지원, 보상법의 인용 등을 기초자산으로 활용하여 사업리스크를 최소화한다. Project Financing 대출 담보구성은 물권담보와 신용제공으로 구성되며, 물권담보는 개발구역 내 토지로서 Project Financing 대출의 30%~45% 범위에 해당한다. 기타 책임준공, 전략출자자 모집, 행정지원, 보상법의 인용 등 당사자 간의 약정과 적극적 지원활동으로 새로운 신용을 창조하여 55% 내지 70%의 신용을 보강하여 Project Financing 기초자산을 구성함으로써 사업의 안전성을 도모한다.

6.2. 비영리 도시개발 자금구조(Funds Structure)

부동산개발 Project의 자금조달 구조는 크게 Equity(자기자본), Financing(타인자본, Project Financing 대출), Sale Price(분양대금) 3종류로 구분할 수 있다.

6.2.1. Equity

Equity는 넓은 의미에서 형평 · 평등 · 정의를 의미하며, 한 회사를 기준으로 표현할 경우 자기자본과 보통주의 의미와 보통주로 인한 공평한 배분의 의미도 포함되며 비영리 도시개발에서는 자기자본에 해당된다. 민관합동 도시개발에서의 Equity는 Project에서 Financing(타인자본)과 Sale Price(분양대금)을 제외한 사업추진을 위한 모든 자금으로 대부분 사업초기에 집중적으로 발생하는 비용이 Equity에 해당되며 최고로 높은 위험을 부담하는 투자비용이다. Equity에는 사업기획비용, 사업계획비용, 보증비용, 특수목적법인 설립 자본금, 인허가 조사 · 설계비용, 민원처리비용 등 Project Financing 약정 및 최초 인출 전까지 소요되는 일체의 비용들이 포함된다. Project Equity는 사업추진의 동력을 상실하거나 외부요인으로 인하여 Project가 중단 또는 철회될 경우 Project Equity는 보존 방법이 거의 없는 전액 손실비용에 해당함으로 최고 위험 투자자산에 속한다. 따라서 일반적인 사업수익은 Equity 투자자에게 귀속되는 High Risk High Return방식의 고위험 고수익투자의 대표적 예이며 시행사가 민간참여사와 협의하여 상당 부분을 부담하고, 전체 사업비 대비 약 5%~10% 내외에 해당한다.

민관합동 도시개발사업의 Equity는 다음과 같다.

• 사업기획비용

사업 기획에 소요되는 인건비, 경비, 외주용역비 등으로 계획단계 진입까지 소요되는 필수 비용일체를 의미하며, 6개월에서 1년 내지 2년이 소요될 수 있다.

• 사업계획비용

비영리 도시개발사업에 있어서 지방정부가 외부 전문 용역기관에 발주하는 출자타당성 용역, 시행사 또는 시공사가 주관하여 민간컨소시엄 구성을 위한 참여자 섭외와 사업설명회 및 경비, 합동사무소 운영비 등의 추진경비, 사업계획서 또는 사업 제안서 제작을 위한 인건비, 경비와 외주용역비 등이 사업계획비용에 포함된다.

• 보증비용

비영리 도시개발사업에 참여사는 민간사업참여자 지방정부에 제공하는 '사업협약이행보증'의 보증금 또는 보증금으로 인한 기회비용과 이행보증 보험료 등이 보증비용에 해당된다.

• 특수목적법인 자본금

지방정부(지방공사)와 민간참여자 공동으로 출자하여 설립하는 특수목적법인의 주식인수 대금이다.

• 도시개발 인허가 조사 · 설계비용

도시개발사업 추진을 위하여 시행되는 지질조사, 토지조서, 지장물조사, 지구단위를 포함한 개발계획용역비용과 교통, 환경, 재해, 에너지, 교육 등의 영향평가비용, 실시설계비용으로 수십 억에서 규모가 큰 경우 백억 원이 이상 소요될 수 있다.

• 민원처리비용

개발계획 등 인허가 주민공람 등 주민의 민원을 처리하기 위하여 발생하는 금액으로 사안도 다양하며 처리방법도 다양하다.

• 증거금

비영리 도시개발사업에 참여하는 토지 직접사용자(전략출자자)가 향후 매입할 토지비용의 예비감정평가액의 10% 상당을 민간참여자들 간의 협의에 따라 기간별 납부되는 약정에 관한 증거금으로 일반적으로 정식계약 체결 시 증거금은 토지매매의 계약금으로 전환되는 비용이다.

6.2.2. Financing

Financing은 민관합동 도시개발사업에서 타인자본에 해당된다. Project Financing은 앞서 설명한 대로 기초자산을 기반으로 전략출자자들의 매입약정금액을 주된 상환재원으로 하며, 민관합동 도시개발사업 Project Financing에서 일반적으로 선순위, 중순위, 후순위채권으로 구분하거나 금융기관별 특성을 기준으로 구분하는 '신디케이션론(Syndication loan)' 방식의 대주단 구성 외 다양한 방식의 Tr(Tranche)로 구성될 수 있다. 대출계정은 일반적으로 보상비, 공사비, 운영비, 분양대금 계좌로 자금을 구분, 관리, 집행하며, Project Financing 금리는 'all in cost'를 기준으로 Tr로 구분되어 모집 및 관리된다.

Project Financing 'all in cost'는 연 단위로 지급되는 Tr별로 구분되거나 또는 선·중·후순위채권 이자와 Project Financing 약정 시 지급된 각종 수수료를 대출기간으로 나누고 연 단위 금융비용 합계액을 대출총액으로 나누어 백분율로 표시한 수치이다. 'all in cost'에 포함되는 각종 수수료는 Project Financing 자문, 취급 또는 인출 수수료 등으로 Project Financing 약정 시 지급되는 금융수수료들로서 '중도상환 수수료'와 '미인출 수수료'는 이에 포함하지 않는다. 'all in cost'의 기준은 Project Financing 기초자산인 '책임준공'의 신용을 제공하는 건설출자자(시공 주관사) 또는 토지의 직접사용자인 '토지매입 확약자' 중 높은 회사의 신용등급을 기준으로 정하거나, 복합적으로 적용하여 'all in cost'가 결정된다. 이와 같이 대주와 차주 간의 협의에 의하여 'all in cost'가 임시 협의되면 Project Financing 주관금융기관(대리은행)은 대출에 참여 의사가 있는 금융기관들로부터 선순위, 중순위, 후순위채권 대출참여금액과 각각 요구하는 이자율을 임의산정하고, 이자율과 취급수수료율로 배분하며, 요구하는 수수료와 이자 총액과 대출기간 등을 종합적으로 계산하여 1차적 'all in cost'값을 산정한다. 만일 산정된 'all in cost'가 사전 협의된 'all in cost'보다 높거나 미달하는 경우 재분배, 재산정 과정을 수행하고, 조정이 불가능할 경우, 대주교체, 'all in cost' 재협의 등을 통하여 'all in cost'의 재확정 과정을 진행한다. 금융기관을 포함한 시공사, 전략출자자 등 모든 참여자들은 각 회사별로 위 협의된 Project Financing 금융조건을 기준으로 최종 투자심의 또한 진행한다. 이중 어느 참여사의 투자심의가 부결되거나 재심의가 결정된 경우 참여사를 교체하거나 재협의 및 투자 재심의 절차를 반복 수행하여 Project Financing 약정(안)은 최종 확정되어 Project Financing 약정이 체결되고 타인자본은 조달된다.

(1) 선순위 _ Prime

Project Financing 선순위 채권은 담보물건 및 대출금 상환에 대해 다른 채권보다 우선하여 회수할 수 있는 대출채권이다. 대규모 자금조달이 요구되는 민관합동 도시개발사업 Project Financing에서 선순위채권은 후순위와 중순위의 우선인출에도 불구하고 선순위 우선 회수의 권한을 부여받는 등 최상의 원금 회수 안정성을 부여받는다. 앞의 설명과 같이 Project Financing 자금의 집행은 일반적으로 후순위, 중순위, 선순위 방식으로 집행하며, 상환순서는 선순위, 중순위, 후순위 순서로 상환된다. 즉 후순위와 중순위 대출금이 사업에 우선적으로 투입되어 사업이 안정화에 도달될 때 선순위 대출금의 본격 집행이 시작되며 가장 먼저 우선하여 상환받기 때문에 원금보장성이 가장 높다. 선순위는 전체 Project Financing 조달 목표액의 대략 60~75%에 해당하며 취급 또는 인출수수료는 중순위 채권보다도 낮은 수준으로 개별프로젝트 상황에 따라 많은 차이가 있지만 선순위 Spread는 300bp~400bp 수준으로 낮은 편이다. 그리고 선순위 대출금리는 기준금리에 Spread를 더한 값이 금리이다. Spread는 고정값이 아니며 금융시장 상황에 따라 개별적으로 설정한다. 결과적으로 선순위 대출 'all in cost'는 후순위나 중순위 채권으로 높아진 금리 수준을 낮추는 결과도 만든다.

(2) 중순위 _ Mezzanine

Project Financing 중순위 대출은 담보물건 및 대출금 상환에 대해 후순위보다 우선하여 회수할 수 있는 권리이다. 비영리 도시개발사업 Project Financing에서 중순위는 중위험·중수익의 중위험 대출이다. 중순위 채권은 전체 Project Financing 조달 목표액의 15~25%에 해당하며 취급 또는 인출수수료는 후순위 채권보다도 낮은 수준으로 2022년 5월 기준 'all in cost'는 대략적으로 950bp 정도이고, 수수료와 금리 배분에 따라 다르겠지만 Spread는 450bp~650bp 수준으로 선순위에 비하여 상당히 높은 편에 속한다. 이와 같은 중순위 채권 'all in cost'를 Project Financing 'all in cost'와 비교하면 비슷하거나 다소 높게 유지될 수 있다.

(3) 후순위 _ Subprime

Project Financing 후순위 채권은 담보물건 및 대출금 상환에 대해 선순위와 중순위보다는 늦으나 Project Equity보다는 우선하는 대출채권으로 Equity보다는 위험도가 낮다고 하지만 Project Financing에서는 비우량 대출로 구분된다. 후순위 채권의 안정성은 시행자의 Project Equity를 증가시킴으로써 리스크 일부를 보완될 수도 있다. 후순위는 전체 Project Financing 조달 목표액의 5~10%에 해당하며 2022년 초를 기준 후순위 'all in cost'는 1,500bp~1700bp 정도로 2021년을 기준으로 하더라도 단기간에 400bp~500bp가 상승하였고, 향후에도 Inflation으로 인하여 미연준의 지속적인 금리상승이 예상되는바, 후순위 Project Financing 대출 금리 또한 추가로 인상될 것으로 예상되며 기초자산이 약하거나 상황에 따라서는 상상 그 이상의 금리가 발생할 수도 있다. 후순위대출 Spread는

700bp~900bp 수준으로 Project에서 후순위 채권관리는 금융비용 증감의 직접적 원인으로 작용되는 경우가 상당히 많다.

6.2.3. Sale Price

민관합동 도시개발사업은 결과적으로 토지분양 사업이다. 따라서 이와 같은 사업의 Project Financing은 토지분양으로 인한 현금흐름(Cash Flow)을 상환재원으로 한다. 그러나 민관합동 도시개발사업은 최소 5년 이상 소요되는 장기사업으로 먼 미래의 분양성을 예측하기란 불가능에 가까우므로 이에 대한 대비가 사업계획에 충분히 검토 및 반영되어 있어야 할 것이다. 미래 미분양에 대한 대비는 분양을 담보하는 '매입확약'이며, 전략참여자의 매입확약은 Project Financing 대출의 기초자산이자 안정된 상환재원을 형성하고 동시에 담보비율이 안정화됨으로 금융비용 또한 절감할 수 있는 소요이다.

이와 같은 선분양 효과와 유사한 매입확약 등이 사업계획에 충분하게 반영되지 않는 경우, 미분양 리스크 증가로 인하여 과다한 금융비용을 발생시킬 뿐만 아니라 미래의 과도한 미분양은 Project Financing 상환을 불가능하게 만들고 Default와 같은 매우 위험한 상황이 전개될 수 있기 때문에 더욱 신중을 기하여 기획 및 관리되어야 한다.

(1) 선분양(토지의 직접사용자)

비영리 도시개발사업은 반드시 선분양을 확보하여야 한다. 도시개발법은 시행자가 지정권자로부터 조성토지등의 공급계획을 승인받은 경우에 토지의 분양이 가능하다. 따라서 공급계획을 승인받지 아니하고 조성토지 등을 공급한 자는 2년 이하의 징역이나 2천만 원 이하의 벌금에 처하는 불법행위이다. 따라서 여기서 말하는 선분양은 불법적 선분양을 의미하는 것이 아니고 도시개발법 조성토지 등의 공급계획에 명시된 '민간참여자가 **직접 건축물을 건축하여 사용하거나 공급하려는 자**'를 의미한다. 그리고 이와 같은 토지의 직접 사용자를 사업협약에서는 '전략출자자'로 표기된다.

전략출자자에 대한 공급계약 또한 도시개발법을 적용하여 일반 분양용지와 같이 조성토지 등의 공급계획 승인 후에 분양계약이 체결된다. 다만, 전략출자자는 사업의 구상단계에서 자신이 매입할 용도의 토지를 임시 지정하고 개발계획 및 실시계획 승인 후 확정하며, 지정 토지에 대한 Project Financing 대출 감정평가를 실시한다. 전략출자자는 자신이 지정한 토지에 대하여 Project Financing 감정평가금액 대비 5~10% 상당의 증거금을 특수목적법인에 납입하고 지정토지의 우선매수권 확보 권리와 매입확약 보증이 동시에 이루어진다. 위 증거금 납입의 효력은 전략출자자가 관리처분 승인 후 일정기간 내 정식으로 분양계약을 체결하지 아니하거나, 계약체결을 거부할 경우 증거금은 몰취되고 전략출자자가 지정한 토지는 일반분양으로 전환되어 공개입찰 매각하는 Trigger 조항이 대부분 매입확약에 포함되어 있다. 또한 전략출자자가 납입한 증거금은 조성 토지 등의 공급계획 승인에 따라 계약금으로 전환되며, 공급토지매매 중도금과 잔금은 계약의 내용에 따라 납입의무를 부담하며 Project Financing 대출기한이 만기될 경우에도 분양대금을 상환하여야 하는데 이는 사업준공 및 등기이전을 전제조건으로 하지 않으며 매입을 우선하는 권리에 한한다. 이와 같은 전제조건을 반영한 최악의 경우를 가정하면 토지 소유권 이전행위가 없더라도 대출금 상환기일까지 매매대금은 납부되어야 한다는 점이 리스크로 작용됨이 특징이다.

앞에서 설명한 바와 같이 전략출자자는 디벨로퍼(시행출자자)의 유치와 분양활동을 통하여 사업구상 단계에서 모집을 시작하여 Project Financing 약정일 까지는 모집이 완료되어야 한다. 하지만 전략출자자 유치는 사업이 구상단계이고 향후 사업승인 과정에서 토지이용계획의 전면 재검토 등 많은 변수를 포함하고 있어 불확실성이 매우 높기 때문에 도시개발사업을 이해하지 못하는 비관련자인 경우에는 대동강 물을 팔아먹는 사기에 가까울 정도로 느껴질 수도 있다. 따라서 전략출자자 유치는 전적으로 디벨로퍼의 신용과 역량에 전적으로 의존한다.

디벨로퍼가 향후 모집하여야 하는 전략출자자는 최소한 총 분양 면적의 50%를 상회하여야 Project Financing 기초자산으로의 활용이 용이하다. 전략출자자의 매입확약은 PF기초자산 활용은 물론 일반분양 용지의 LTV(Loan To Value Ratio, 담보 비율)을 낮게 유지하여 프로젝트의 신용등급을 향상시키고 조달 금리를 인하하는 역할도 한다. 반대로 디벨로퍼가 전략출자자를 모집하지 않거나 모집이 부족할 경우 LTV가 급격하게 상승하고 프로젝트 신용등급은 현저하게 낮아질 것이며 지불해야 하는 금융비용은 비례하여 상승할 것이다. 가령 대규모 도시개발사업으로 Project Financing 대출을 5,000억 원으로 가정할 경우에 앞의 설명 후단과 같이 전략출자자 모집이 없을 경우를 가정하면 금리는 all in 200bp내지 그 이상도 상승할 수 있다. Project Financing 약정기간을 48개월로 가정하여 계산하면 Project Financing 대출액의 8%에 해당하는 400억 원의 단순 추가 금융비용이 발생할 뿐만 아니라 Project Financing 금액은 증가된 이자비용을 확보하여야 하기 때문에 Project Financing 대출금액이 5,400억 원으로 증가되며, 증가된 이자비용 400억 원에 대한 이자 지급을 위한 추가 이자비용 또한 발생할 것이다. 이처럼 전략출자자 모집은 민관합동 도시개발사업에서 매우 중요한 요소이며, 기초자산이 부족은 많은 금융비용 발생의 주요한 원인이 된다.

도시개발법 제26조에 의거 전략출자자가 직접 건축물을 건축하여 사용하거나 공급하려고 계획한 토지가 있는 경우에는 그 현황을 조성토지 등의 공급계획의 내용에 포함하여야 한다. 다만, 민간참여자가 직접 건축물을 건축하여 사용하거나 공급하려고 계획한 토지는 전체 조성토지 중 해당 민간참여자의 출자 지분 범위 내에서만 조성토지 등의 공급이 가능하도록 한 2021년 도시개발법 개정은 대장동사건을 너무 의식하여 만든 개정으로 다양한 현실을 반영하지 못한 과도한 규제가 아닐 수 없다. 따라서 비영리 도시개발사업의 민간참여자 직접사용 공급 토지는 타인자본 조달과 사업의 안정성확보 금융비용 절감방안 등을 감안한 범위의 '총괄범위 한정 공급방식'으로 변경되어야 함이 다양한 경우를 반영할 수 있을 것이며 금융비용을 최소화하고 개발이익을 최대화하여 시민에게 환원되는 공공기여를 높이는 방인들이 합리적일 것이다.

(2) 일반분양(공개입찰)

도시개발 조성토지등의 공급계획 및 방법은 도시개발법 제26조 및 동법 시행령 제57조에 의거 고시된 실시계획(지구단위계획을 포함한다)에 따라 공급하며 필요할 경우 공급대상자의 자격을 제한하거나 공급조건을 부여할 수 있다. 조성토지 등의 공급은 경쟁입찰의 방법에 따르나 국민주택규모 이하의 주택건설용지, 공공택지, 330㎡ 이하의 단독주택용지 및 공장용지는 추첨의 방법으로 분양할 수 있으며, 그 외 상업용지 등은 최고가 입찰방식으로 공급한다. 수의계약 방법으로 공급하는 토지는 학교용지, 공공청사용지 등 일반에게 분양할 수 없는 공공용지를 국가, 지방자치단체, 그 밖의 법령에 따라 해당시설을 설치할 수 있는 자, 존치 시설물의 유지관리에 필요한 최소한의 토지, 「공익사업을 위한 토지 등의 취득 및 보상에 관한 법률」에 따른 협의를 하여 그가 소유하는 도시개발구역 안의 조성토지 등의 전부를 시행자에게 양도한 자 등 도시개발법이 허용하는 자에게 공급할 수 있다. 공급가격은 감정가격으로 하며, 2회 이상 유찰된 경우도 수의계약 방식으로 공급할 수 있다.

현재 대한민국 부동산 시장은 미국의 연방준비제도(The Federal Reserve)의 직접적 영향권에 있다. 최근 미연준은 인플레이션으로 인한 Big Step 조치와 더불어 제임스 불러드 세인트루이스연방은행 총재는 '당해 년(2022년) 말까지 연 3.5%까지 올려야 한다.'고 주장했다. 글로벌화된 대한민국 또한 인플레이션과 외환관리 등의 사유로 기준금리를 미연준과 같이 높게 설정할 것으로 예상되며, 기준금리 인상은 시장에서 현금을 빨아들여 경기는 둔화될 것이다. 따라서 2022년 금리인상은 시장 자금 유동성 저하와 부동산 시장 또한 냉각기에 접어들게 할 것으로 예상된다.

6.3. 비영리 도시개발 위험대비(Risk Hedge)

6.3.1. 토지확보 Risk

민관합동 도시개발사업에서의 토지확보는 공공출자자가 100분의 50 비율을 초과하여 출자함으로 도시개발법 제22조에 의거 시행자(특수목적법인)는 도시개발사업에 필요한 토지 등을 수용하거나 사용할 수 있다. 도시개발법에 따른 수용 또는 사용에 관하여 특별한 규정이 있는 경우를 제외하고「공익사업을 위한 토지 등의 취득 및 보상에 관한 법률」(이하 '보상법')을 준용된다. 민관합동 도시개발사업은 대부분이 대규모 개발사업에 해당함으로 보상법 제82조에서 규정하는 대통령령이 정하는 규모 이상과 토지소유자가 50인 이상에 해당한다. 따라서 보상법 시행령 제44조의2에 의거 의무적 보상협의회를 설치, 구성 및 운영하여야 하고, 보상법에서 정한 바에 따라 주민추천 감정평가사를 포함하여 토지 및 지장물에 대한 공정한 평가를 실시하여야 한다. 추가적으로 보상협의회와 이주자택지, 협의양도인택지, 기타 주민민원사항 등을 협의하고 개별보상이 실시된다. 보상관련 민원의 발생과 해결은 일련의 도시개발사업의 필수 과정으로 반대 의견을 이해하고 적극적으로 협의에 임하여야 할 것이다. 대부분의 민원은 보상가격에 대한 이의로서 지방토지수용위원회와 중앙토지수용위원회의 재결에 따라 추가로 실시되는 별도의 평가와 감정가격을 지급(공탁 포함)함으로써 도시개발법 수용과 사용에 관한 법률적 절차로 토지확보 리스크는 상당 부분 해소될 것이다.

지금까지 보상민원이 민관합동 도시개발사업의 추진중단과 같은 결정적 사안으로 받아들여진 적은 거의 없다. 보상민원은 시민과의 설득과 소통의 과정으로 이해하여야 하며 시행자는 보상법에 따른 절차와 합리적인 보상금액이 시민에게 제시될 수 있도록 노력하여야 한다. 비영리 도시개발사업에 적용되는 보상법은 공익사업의 효율적인 수행을 통하여 공공복리의 증진과 국민의 재산권의 적정한 범위에서 보호되어야 하기 때문이다. 과거 공공사업에서 행하여진 예산범위 보상과 강제수용이라는 방법이 보상법에 대한 국민의 불신을 가져온 측면도 있기 때문이다. 다만, 보상의 합리성을 배제하고 적극 수용만을 강조한 나머지 과대평가 될 경우 향후 추진되는 공공 또는 공익사업에 더 많은 민원을 야기할 수도 있기 때문에 보상평가는 합리적이어야 하며, 보상민원에 다소의 시간이 소요되어 사업비의 증가를 불러오더라도 설득과 소통이 최선임을 지속적으로 상기하여야 할 것이다.

민관합동 도시개발사업에서 토지확보 리스크는 「도시개발법」과 「공익사업을 위한 토지 등의 취득 및 보상에 관한 법률」에 의거한 절차적 행위로서 확보에 소요되는 시간적 리스크 관리만으로도 토지확보 Risk Hedge가 가능하다. 앞서 설명과 같이 민관합동 도시개발사업의 '비영리 도시개발'은 시민의 토지를 수용하여 시민을 위한 공공복리의 증진이 이 책의 핵심이다. 따라서 시민의 재산권 보호기능도 함께 수행되어야 하며, 개발로 인한 이익은 시민을 위한 재원으로 활용되어야 한다.

6.3.2. 인허가 Risk

민관합동 도시개발사업은 지방정부가 기본적인 도시기본계획 검토에 따라 개발압력이 높은 지역을 대상으로 하거나 균형발전을 위한 신도시 또는 부도심 개발이 목적이기 때문에 상위법령에 대한 기본적인 검토가 완료된 개발사업이다.

민간의 부동산개발 실패의 주요원인 중 하나는 인허가 리스크다. 민간이 추진하는 부동산개발은 시민의 공공복리 보다 최소한의 투자로 최대한의 수익을 얻고자 하는 과욕이 많은 부분을 차지한 경우가 많으며 개발법률의 확대 해석 또는 로비 등 많은 부작용을 가져왔다. 과거 부동산 개발은 황금알을 낳는 거위였던 시절이 있었다. 당시 부동산개발이 황금알을 낳는 거위가 될 수 있었던 이유는 개발업자의 고도화된 기술이 아닌 정치권력과 개발업자의 결탁이 만든 부정축제의 결과물로 영화나 드라마의 소재로 많이 활용되기도 하였다. 하지만 현재의 대한민국은 정보의 개방과 유통, 많은 과거 사건 사례로 관련법령은 체계화되었고 절차 또한 상당히 정비되어 과거와 같은 부동산 개발 비리는 현저하게 낮아졌다고 본다. 설사 개인적 일탈행위에 의한 비리가 발생하여도 고도화된 우리 사회에서 진실규명은 과거보다 명백하고 빠르게 가져올 것이다.

민관합동 도시개발사업의 경우 인허가 리스크 보다 정치 리스크가 더 크게 작용할 가능성이 높다. 정치적 결정에 의한 도시개발은 수요와 공급에 관한 사업성 리스크를 축소하고 이념적 가치에 집중한 나머지 경제성이 부족한 무리한 사업추진이 실패의 원인으로 작용된 사례도 상당하다. 자치단체장의 변동은 사업의 연속성을 상실하는 주요한 원인이 되기도 한다. 전임자의 모든 사업을 적폐화하고 새로운 사업을 구상하는 등 비합리성을 무한 반복 하는 경우도 다반사다. 이와 같은 개발 정책의 무리한 변경은 현재의 양당제 대한민국에서 상대방의 모든 주장을 일단 부정하고 보자는 내로남불 현상이 우리 사회의 모든 영역에 파고든 결과라고도 할 수 있다. 내로남불 현상은 우리 사회의 모든 영역을 이분법화 하고 불필요하고 불합리한 소모적 정쟁을 일상화 시키고 있다. 지금 우리 사회의 단결성과 합리성이 점점 더 그 빛을 잃어 가고 있어 안타깝기 그지없다. 비영리 도시개발은 공익과 사익에 대한 합리성의 재구성에서 출발하였다. 민관합동 도시개발사업에서 기존의 투자와 수익에 관한 관점에서 노동과 기술의 공정대가의 관점으로 재해석한 것이다. 민간개발 참여자는 비영리 도시개발에 제공되는 노동과 기술 가치에 대하여 정당한 대가를 지급받고 개발로 인한 이익은 자발적 공익화함으로써 시민과 함께하는 사회적기업으로 거듭날 것이다.

6.3.3. 미분양 Risk(토지매각Risk, PF 상환Risk)

분양 리스크는 토지매각 리스크와 Project Financing 상환 리스크로 분류할 수 있다. 토지의 분양성이 높은 서울과 수도권 일부지역의 경우 매각 리스크와 상환 리스크는 동시에 Hedge 되어 미분양 리스크가 현저하게 낮아질 것이다. 하지만 서울과 수도권 일부지역을 제외하면 전국 어디서나 분양시기에 따라 미분양은 항상 높게 존재하여 왔고, 경기가 불황인 경우 미분양 리스크는 급격하게 상승하는 과정도 경험으로 알 수 있다.

주택개발사업의 경우, 사업시작 시점부터 분양개시 시점까지의 소요기간이 짧음으로 미분양 리스크 검토에 대한 이후 변동성이 거의 발생하지 않음으로 미분양 리스크 관리가 용이하다. 하지만 장기간의 시간이 소요되는 도시개발사업의 특성상 과거 단일화로 검토하였던 미분양 리스크를 세분화 하여 토지매각 리스크와 상환 리스크로 분류하여 사업성을 검토하는 방식이 많이 활용된다. 토지매각 리스크는 미분양 리스크를 낮추기 위한 매각방안을 수립하기 위한 분석이고, Project Financing 상환 리스크는 분양률에 따른 상환관계를 분석한 것으로 서로 상호작용하는 관계에 있는 리스크다. 따라서 미분양 리스크는 Project Financing 대출 설정금액과 토지의 직접사용자의 면적 및 예상 납입금액, 그리고 일반분양용지 분양률과의 상호관계를 시뮬레이션으로 분석하여 미분양 리스크를 Hedge 하는 과정이다.

(1) 토지매각 Risk

민관합동 도시개발사업은 금융권으로부터 대규모 Project Financing 대출자금이 유입되는 Leverage 사업의 한 종류이다. 이와 같은 Leverage 사업의 제일 큰 특징은 국제경제 즉 미연준의 기준금리, 양적완화 및 축소에 매우 민감하게 반응한다. 또한 도시개발사업은 5년 이상의 장기사업으로 5~7년 이후 미래 경제상황과 미연준의 기준금리를 예측하여 현실성 있는 분양계획을 수립한다는 것은 불가능에 가깝고 예측의 정확도 또한 현저하게 낮아진다. 이러한 특징 들을 모두 감안하여 민관합동 도시개발사업의 토지매각 리스크는 선물옵션계약과 유사한 선분양방식의 전략출자자 모집 과정으로 해결하는 것이 가장 현실적이고 바람직하다. 따라서 민관합동 도시개발사업에서 토지매각 Risk Hedge는 총 분양 면적 대비 50~60% 상당의 토지직접사용자(전략출자자)의 모집과 전략출자자에 대한 우선매수권 부여, 매입확약보증 등의 Risk Hedge가 유일한 대안이라 할 수 있다.

전략출자자 모집에 있어서 누구나 전략출자자가 될 수 있는 것도 아니다. 매입확약을 위한 전략출자자자는 매입확약금액 이상의 신용을 보유하여야 하며 Project Financing 대출 기간 동안 신용이 지속적으로 유지되어야 한다. 전략출자자의 신용변동은 Project Financing 기초자산의 변동을 가져오며 토지매각 리스크로 작용하고 Project Financing 상환 리스크를 증가시킨다. 따라서 시행참여자는 사업의 기획단계에서부터 전략출자자 모집, 신용제공에 대한 범위와 조건이 협의되어야 하고, 신용변동은 사업이 종료될 때까지 관리되어야 한다. 또한 급격한 신용변동이 발생할 경우 즉시 대체 전략출자자로 교체되어야 하며, 이를 위하여 예비적 전략출자자 또한 관리하고 유지되고 있어야 할 것이다.

전략출자자 모집은 도시개발법 제26조 및 절차 규정을 준수하여 모집되어야 한다. 전략출자자 모집과 같은 선분양은 50%~60%가 적정하며 Project Financing 상환 리스크를 최소할 수 있는 범위에서 유지관리 되어야 한다. 전략출자자 모집이 과다할 경우 사업 수익이 감소할 수 있기 때문에 적정선 유지가 매우 중요하다.

2021년 개정된 도시개발법은 전략출자자가 전체면적의 50% 범위 내에서 토지를 매입할 수 있도록 하였으며 특수목적법인 출자비율과 토지비율을 연동하게 되었다. 위와 같은 조치는 토지매각 리스크와 Project Financing 상환 리스크를 높여 많은 금융비용을 발생시킬 것이며 비영리 도시개발사업 추진 또한 어렵거나 곤란하게 만들 것이 자명함으로 반드시 완화하는 조치가 필요하다. 참여자 지분율과의 연동이 아니라 전체 한도의 설정이 현실적이라고 생각한다.

(2) Project Financing 상환 Risk

도시개발된 분양용지는 일반 농경지에 비하여 매우 높은 가격으로 형성된다. 따라서 조성된 도시에 건축개발을 기획하는 부동산 개발 기업들이 주로 분양을 받는다. 개인들은 기업고객의 건축개발에 따라 토지 지분을 포함한 호실로 구분된 집합건축물을 선호한다. 집합건물은 자체적 수요인프라로 인한 유동성이 확보되고 개인이 투자하기에 접합한 소액화로 구분되어 있기 때문이기도 하다. 따라서 지금의 민관합동 도시개발사업 구상에서의 마케팅은 기업고객 유치가 관건이 될 것이다.

분양 리스크에서 토지매각 리스크가 '선분양' 과정이라면, Project Financing 상환 리스크는 선분양 외의 잔여용지(일반분양)에 대한 시기적 분양비율과 분양비율에 따른 현금흐름을 이용한 Project Financing 상환 시뮬레이션 과정이다. 시뮬레이션을 통하여 Project Financing 상환을 위한 조성토지의 최대 할인율 범위와 LTV 관계 등을 분석하여 분양 시나리오를 구축하고 현실성 있는 실행방안을 도출하여야 한다. 그럼에도 불구하고 잔여용지 전체가 미분양 될 경우 민관합동 도시개발사업의 특수목적 법인도 당연히 Default 가능성 높아진다. 따라서 철저한 토지매각 리스크 관리와 대출 상환 리스크 관리가 최선의 미분양 Risk Hedge 방안이 될 것이다.

6.3.4. 책임준공 Risk

앞서 설명과 같이 책임준공은 Project Financing에서 신용담보 상담 부분이 물적 담보로 전환되는 결과적 행위이기 때문에 민관합동 도시개발사업

Project Financing에서 매우 중요한 기초자산이다. 우리는 가끔 금융권 PF Proposal이나 PF Team sheet에 책임준공 리스크에 대하여 별도의 표기가 없는 경우를 볼 수 있다. Proposal이나 Team sheet에 책임준공 리스크를 별도 표기하지 않은 이유는 너무도 필수적 전제조건이기 때문에 Summary 주요담보 내용에만 잠시 언급하고 넘어가는 경우가 대부분이다. 최상위 건설회사의 자금부서 담당자들과 금융기관 Project Financing 부서 담당자들은 지속적인 업무관계로 책임준공보증에 대하여 굳이 표기하지 않더라도 일상적 업무로 이해하기도 하다.

책임준공 리스크는 건설사가 부담하는 것 중 가장 최대 리스크다. 또한 건설회사가 가장 깊이 관찰하고 많은 경험으로 축적된 시스템으로 대응하는 리스크이기도 하다. 아파트와 같은 공동주택 Project Financing사업의 경우 그동안의 노하우를 시스템화하여 빠르고 정확한 검토가 용이한 반면 민관합동 도시개발사업은 아직까지 부족한 경험과 더불어 지리적 특성에 따른 다양한 변수로 시스템화 하기가 어렵다. 때문에 Project별로 지방정부의 추진의지와 시행사의 개발기획서, 유경험자의 지식이 매우 중요한 기초자료로 활용된다.

본 장에서는 책임준공 리스크의 일반적 사항을 다루었으나 책임준공 보증에 관하여서는 이 책 〈6.1.2. NUD PF 기초자산2 '책임준공'〉편을 참고 바라며, 건설회사 입장에서 바라본 책임준공과 비영리 도시개발 참여자에 따른 기대이익감소 등에 관한 사항은 〈7.2.3 (1) 건설참여자의 가치대가〉 편에서 주요사항과 같이 정리되었으므로 참고하길 바란다.

6.3.5. 출자자 간 분쟁 Risk

필자의 경험에 따르면 출자자 간 분쟁의 결과는 Default로 연결되기 싶다. 민관합동 도시개발사업에서 가장 많이 발생하는 분쟁은 민과 관의 입장 차이고 다음은 민과 민의 권리침해 또는 방해 행위에서 주로 발생한다. 민관합동 도시개발사업에 투입되는 대부분의 지방정부 공무원 대부분은 재정사업에 특화되어 있으며 재정사업의 특징은 계획적이고 획일적이며 과정을 매우 중요하게 여기고, 절차적 문제가 없으면 결과에 대한 책임이 면제된다는 점이다. 하지만 무한경쟁과 무한책임을 요하는 민간참여자들은 과정이 정당하다고 하여 결과에 대한 책임을 면할 수 없다는 입장 차이에서 갈등과 분쟁이 발생한다. 국가공무원법 제68조에 의거 '공무원은 형의 선고, 징계처분 또는 국가공무원법에서 정하는 사유에 해당하지 아니하고는 본인의 의사에 반하여 휴직, 강임 또는 면직을 당하지 아니한다.'라고 규정하는바, 절차라는 과정에 문제가 없다면 사업이 부도나도 책임을 면할 수 있다. 하지만 민간참여회사들의 담당자들은 절차라는 과정에 문제가 없더라도 결과에 대한 책임을 면할 수 없기 때문이다. 그리고 재정사업에 특화된 공무원의 입장에서 민간사업에서 발생하는 대규모 손실이나 부도와 같은 영역을 완전히 이해한다는 것 자체가 현실적으로 어렵기도 하다. 민관합동 도시개발사업은 공익과 사익이라는 두 가지 개념이 동시에 공존하는 특수영역임을 간과하여서는 아니 될 것이다.

필자도 산업단지개발 중 출자자 간 분쟁발생으로 프로젝트 법인이 디폴트되는 경험을 한 바 있는데 내부갈등으로 흑자 부도가 난 것이다. 세상일이 그런 것처럼 분쟁은 사소한 곳에서 시작하여 합리성을 조금씩 갉아먹어 감정의 골만 남긴다. 감정의 골은 분쟁의 수위를 점점 높여가며 사업은 뒷전으로 밀려나 부도의 강으로 추락한다. 오해가 또 다른 오해를 만들고 감정이 감정을 불러온다. 서로간의 신용은 눈이 녹듯 사라지고 혐오와 증오만이 남아 프로젝트는 뒤죽박죽되고 컨소시엄 참여자들은 현안 문제들에 대하여 해결책을 마련하기보다 책임을 전가하기에 급급해진다. 출자자간 분쟁은 프로젝트의 파산과 직결되는 중요한 리스크이기 때문에 사업협약에 유경험자의 자문을 통하여 가능한 모든 경우의 수를 점검하고 기준을 설정하여야만 미래의 분쟁 리스크를 최대한 감소시킬 수 있다. 그리고 모든 경우의 수는 경험에서 나온다.

출자자 간 분쟁 Risk Hedge를 위하여 공공과 민간의 출자자간 분쟁 이해교육이 필요하다. 경험하지 못한 세상을 본인의 상상만으로 이해하기란 매우 어려운 일이다. 상대방의 입장을 이해하고 배려하여야 하며 상대방의 영역을 침범하거나 폄하하는 행위를 하여서도 아니 된다.

6.4. 비영리 도시개발 PF Refinancing

Refinancing은 최초 Project Financing을 새로운 Project Financing으로 교체하는 것을 말한다. 단언컨대 한번의 Project Financing으로 대규모 도시개발사업이 종료된 사례를 본 적도 없거니와 들어본 적도 없다. 경험 많은 디벨로퍼는 금융비용 절감과 사업 리스크를 최소화하기 위하여 최초 Project Financing과 Refinancing을 동시에 구상한다. 최초의 Project Financing에서 향후 미래에 예상되는 모든 경우의 수를 담을 수도 없고, 다양한 변수들을 최대한 많이 반영하였다고 하여도 미래가 예상 시나리오에 따라 구현되지도 않을 것이기 때문이다.

전체 예상 사업비 중에서 준공 전 반드시 필요한 필수사업비만을 시나리오에 반영하여 최초 Project Financing 값을 우선 확정한다. 다음으로 최초 Project Financing의 사업기간 중 청산 시점이 아닌 준공 시점까지를 운영기간으로 설정하고 위 운영기간에 소요되는 최소한의 운영비와 판매 촉진비 그리고 최소한의 예비비들을 산정하여 시뮬레이션에 반영하면 Normal case를 만들 수 있을 것이다. 그리고 Normal case를 기준으로 금융기관과 협의하여 Proposal을 기안하고 기안된 Proposal을 통한 사업성 분석으로 평가결과를 도출할 수 있을 것이다.

사업이 준공 시점에 가까워지면 당초 계획에 따라 전략출자자들에게 토지를 공급하고 우선매수권과 매입확약에 대하여 Exit을 추진한다. 위 과정에서 전략출자자들의 자금계획을 확인하고 중도금대출을 준비하거나 자기자금납부로 최초 Project Financing의 상당 부분이 상환될 수 있도록 사업은 설계되어야 한다. 이와 동시에 일반분양을 실시하여 안정화된 Cash Flow 구축하고 이를 기초로 Refinancing 계획을 실행한다. 중요한 점은 최초의 Project Financing에 Refinancing 사항들을 포함할 수는 없어도 사업의 전체 계획에는 반드시 염두에 두고 Project Financing 내용에 Refinancing에 대한 대비들이 녹아 있어야 한다는 것이다. 만약 당신이 Project Financing과 Refinancing을 각각 분리하여 별도로 계획하거나 상호작용을 반영하지 않을 경우 당신은 Project Financing 약정에 따라 조기

상환수수료와 미인출 약정수수료 등, 예상하지 못한 수십억 원의 금융수수료를 추가적으로 부담하게 될 것이며 Refinancing 또한 실시하지 못하여 초기 Project Financing의 후순위 고금리가 사업 종료까지 지속될 것이며 필요 이상의 금융비용을 부담하게 될 것이다.

그럼 위와 같은 복잡한 구조보다 '최초 Project Financing 한 번으로 민관합동 도시개발사업을 종료할 수는 없는 것일까?'란 의문이 들 수 있다. 우리는 한 번의 최초 Project Financing으로 사업종료와 청산 시점까지 사업추진을 계획할 수도 있다. 하지만 Project Financing과 Refinancing을 분리하는 가장 큰 이유는 이것을 구분하는 것이 매우 효율적으로 금융비용을 절감할 수 있기 때문이다. 최초의 Project Financing에서 미래에 예상되는 모든 경우의 사항들을 나열하여 사업에 반영할 경우 사업기간은 1.5배 이상 길어지고 대출기간은 장기를 넘어 초장기 대출로 변화한다. 현재의 금융시스템은 대출기간과 대출이자가 비례관계에 있다는 것을 항상 유념하여야 한다. 대출기간이 길어진다는 것은 불확실성을 높이고 높아진 불확실성은 대출 금리를 높이는 요인이 된다. 장기 국채금리가 단기 국채금리보다 비싼 이유와 같다. 그리고 민관합동 도시개발사업의 Project Financing에서 대출기간을 장기화할 경우 'all in cost'의 Trap에 빠질 수도 있다. Project Financing에서 금융비용은 수수료와 이자 그리고 기타비용으로 구분된다. 수수료에는 주관(자문)수수료, 취급(인출)수수료, 미인출수수료, 조기상환수수료 등의 금융수수료가 있으며, 법률자문(약정서 작성)수수료, 타당성검토(감정평가)수수료, 사업성검토(신용평가)수수료 등의 일회성 용역수수료가 있으며 기타 업무추진을 위한 비용들이 발생한다. 중요한 점 한 가지는 Project Financing 금융수수료는 최초 인출 시 지급되고 지급된 수수료를 대출기간으로 나누어 이자율로 환산한 것이 Tr별 'all in cost'다. 따라서 'all in cost'는 대출기간이 길어질수록 차주의 부담이 증가하는 구조이고 장기대출에 관한 Risk Premium까지 동시에 증가할 수 있기 때문이다. 필자는 이와 같은 상황을 'all in cost'의 Trap이라 명한다. 대출기간의 증가는 'all in cost'에서 이자율을 고정할 경우 fee가 증가하고 증가한 fee는 수수료의 이자를 다시 증가시킴으로써 결과적으로는 'all in cost'의 Trap에 걸려 과비용 현상이 발생할 수 있다.

대출기간에 따른 'all in cost'의 Trap 외에도 사업계획은 아무리 잘 수립하여도 사업추진 일정은 당초 계획대로 추진되긴 어렵고 상당 부분에서 기간의 변동성은 항상 존재한다. 따라서 적정한 최초 사업기간과 합리적인 금리를 조건으로 사업을 구축함이 가장 바람직하며 최초 Project Financing과 Refinancing은 항상 동시에 연관되어 설계에 반영하는 것이 바람직하다.

7
비영리 도시개발 이론과 실질 과제

7.1. 비영리 도시개발의 이론적 과제

지금까지 민관합동 도시개발사업은 민간과 공공이 공동으로 특수목적 법인을 설립하고 금융기관으로부터 Project Financing으로 개발자금을 조달하여 사업을 추진하며 상법상의 주식회사에 관한 규정을 적용, 특수목적법인 주식지분율에 따라 개발이익을 배당하는 투자 대비 수익방식으로 사업을 추진하였다. 하지만 '과연 토지보상법과 같은 공권력을 활용하고 지방정부의 행정지원으로 추진되는 민관합동 도시개발방식에서 개발이익의 정당한 소유는 누구이며, 지금과 같은 개발이익의 귀속과 배분은 공정한가?'에 대한 의문에서 비영리 도시개발은 시작되었다.

투자 대비 폭발적 수익을 얻은 대장동사건으로 인하여 대한민국 국회는 2021년 민관합동 도시개발사업에서 민간참여자들이 총사업비의 10% 범위 내에서 개발이익을 배당받도록 제한하는 도시개발법을 개정하였다. 과연

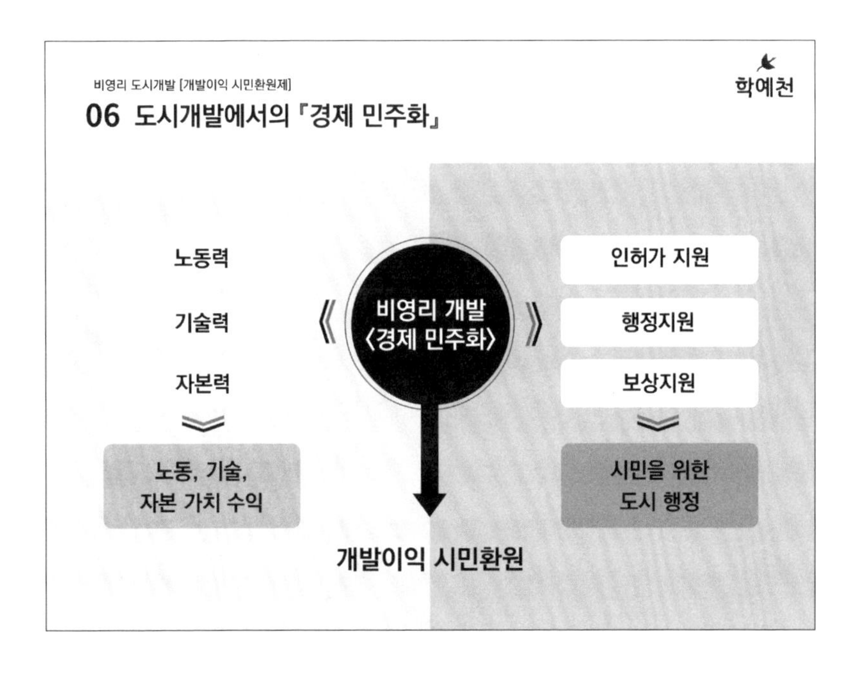

정부와 국회에서 정한 민간참여자의 개발이익 제한 기준은 어떠한 근거로 마련되었는가? 이윤 제한에 대한 합리적 설정근거에 대하여 일체의 설명은 없다. 다만, 과도한 민간이익배당의 제한이라고만 설명하고 있는 것이다. 대한민국에서 경제활동을 통하여 얻은 이익의 귀속 문제는 자유 시장 경제 질서의 척도임으로 매우 중요하고 민감한 문제이다. 따라서 민관합동 개발사업에서 이익의 귀속과 분배 기준은 우리 사회 다수가 공감할 수 있는 이유와 근거가 제시되고 명확하게 증명되어야 한다. 투자에 대한 사전적 의미는 이익을 얻기 위하여 어떤 일이나 사업에 자본을 대거나, 주권이나 채권 따위를 구입행위와 어떤 일이나 사업에 시간이나 정성을 쏟는 행위로 정의한다. 부동산개발 투자는 수익이 목적이고 비영리개발은 공공복리가 목적인 상반된 개념이다. 하지만 민관합동 개발사업은 토지보상법과 같은 공권력이 인용되는 사업이기 때문에 투자의 관점이 아닌 공공복리의 관점에서 재조명되어야 하고 비영리 개발방식으로 추진되어야 한다. 그리고 민간참여자들이 민관합동 개발사업에 제공하는 활동에 대하여 공정한 가치를 부여하고 정당한 대가를 지급받을 수 있도록 제도화하여야 할 것이다.

7.1.1. 비영리 도시개발의 공정가치

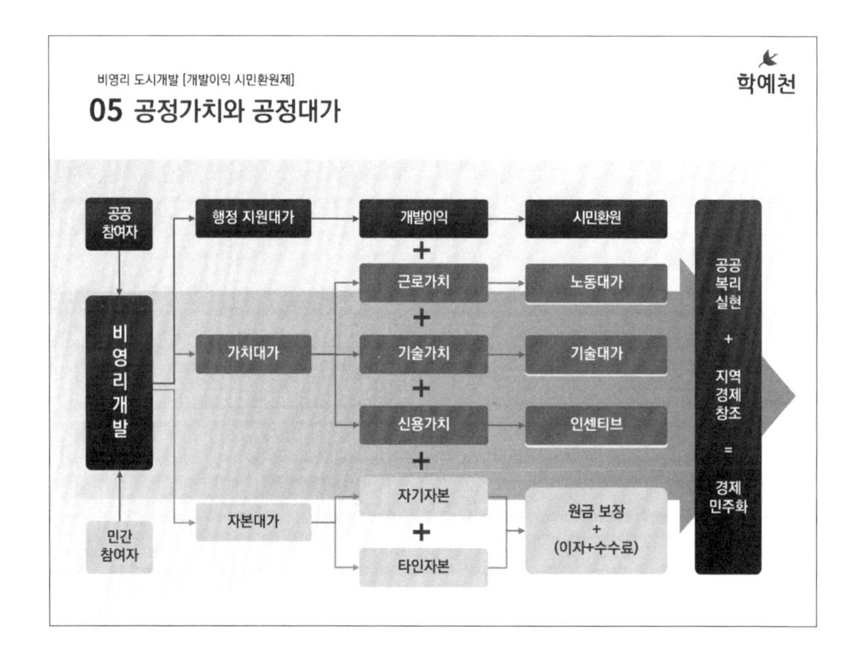

필자가 주장하는 비영리 도시개발은 공정대가와 개발이익으로 구성되며, 공정대가는 가치대가와 자본대가의 합으로 구성된다. 가치대가는 비영리 개발사업에 참여하는 공공 및 민간참여자가 개발사업에 제공하는 노무와 기술, 그리고 신용제공 등의 가치에 대한 공정한 대가와 개발사업에 투

입되는 모든 자본으로 자기자본과 타인자본으로 각각의 자본에 대한 공정한 자본대가로 구성된다. 비영리 도시개발에 투입되는 노동, 기술, 신용, 자본 등의 모든 행위를 투자라고 할 수도 있다. 하지만 기존의 민관합동 도시개발과 비영리 도시개발의 차이는 투자의 목적을 개발이익으로 하지 않는다는 점이다. 비영리 도시개발의 투자목적은 자기자본 투자에 대한 안전한 회수와 제공된 용역과 재화에 대하여 공정한 가치의 대가를 지급받는 것이다. 기존의 도시개발사업은 기회의 포착과 이권다툼의 장이었다고도 볼 수 있고 이는 투자가 아닌 투기에 가깝다고 생각한다. 우리 사회에서 더 이상 도시개발사업이 투기의 장이 아닌 시민을 위한 공익의 장이 되어야 한다.

7.1.2. 비영리 도시개발의 공정대가

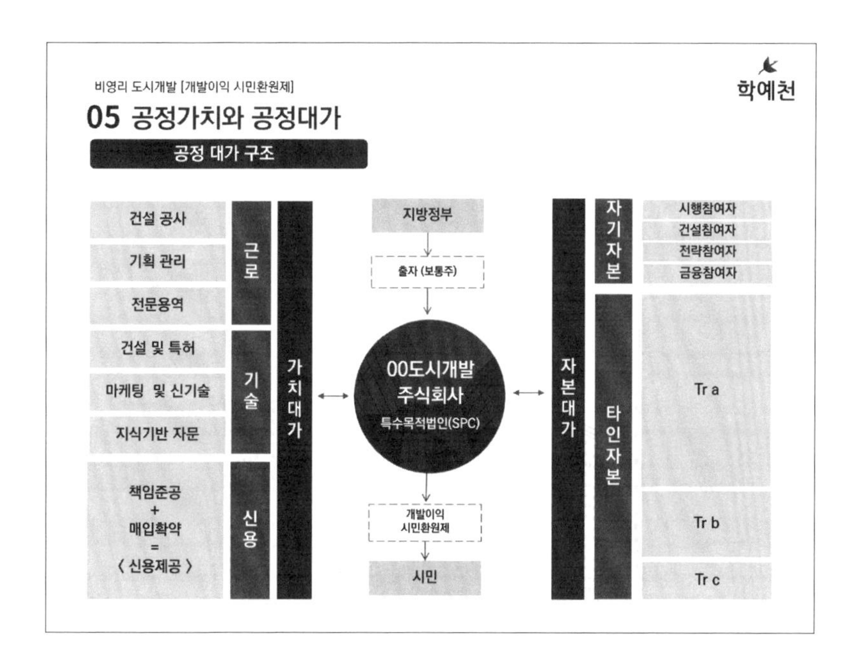

(1) 가치대가

가치대가는 노동, 기술, 책임준공과 매입확약보증 등의 신용과 공공기관의 행정지원 등 비영리 도시개발사업에 투입되는 모든 형태의 경제활동을 말한다. 이러한 경제활동은 사업기획 및 계획 그리고 환경, 교통, 재해, 문화재 등의 영향평가, 사업관리, 홍보 및 분양 등의 마케팅활동, 설계 및 공사시공 등에 소요되는 노동력과 기술력, Project Financing의 기초자산을 위한 신용의 제공 등 공정하게 등가교환으로 표기된 돈의 양으로 변환할 수 있다. 민간참여자들은 프로젝트에 제공한 노동력, 아이디어와 고도화된 기술력 그리고 Project Financing 기초자산으로 제공되는 신용 등에 대하여 공정한 가치의 대가를 지급받음으로써 비영리 도시개발사업의 참여 목적은 완성될 수 있다. 과거 이러한 가치를 존중하지 아니한 것은 참여자 각자가 향후 배당받을 개발이익에 암묵적으로 공정대가 모두 담겨있다고 여겨왔기 때문이기도 하다. 하지만 현재의 민간사업자들도 재화나 용역 등에 대하여 공정한 가치의 대가를 지급받을 수 있다면 비영리 도시개발을 반대할 이유는 없을 것이다. 그리고 지방정부가 프로젝트에 제공하는 행정지원활동은 시민의 세금으로 운영되는 비영리 활동인 점과 전체 개발이익이 시민에게 환원됨을 전제로 하는 비영리 도시개발에서 행정지원은 시민을 위한 적극적 행정활동이 될 것이다.

(2) 자본대가

자본대가는 민관합동 도시개발사업의 자기자본(Equity)과 타인자본(Financing)의 합으로 구성되며 프로젝트에 투입된 자본의 총량이고, 자기자본이든 타인자본이든 모든 자본에 대한 공정한 금융시장 대가의 지급은 필요하다. 지금까지의 영리 개발사업과 비영리 개발사업의 차이는 자기자본에 대한 해석에 있었다. 영리를 목적으로 하는 민관합동 도시개발사업은 최소의 출자(투자)금으로 민간참여자의 신용과 공공의 행정지원을 이용하여 공동으로 설립한 특수목적법인으로 하여금 Project Financing의 높은 부채효과를 만들어 사업을 추진하며 개발이익을 특수목적법인 출자금의 수익으로 인식하여 지분율에 따라 이익배당을 하였다. 하지만 비영리 개발에서는 특수목적법인 출자금은 타인자본 Project Financing과 같이 자본이 가지는 가치만 평가하며 가치에 따른 대가를 지불할 뿐 자본에 대한 개발이익의 귀속은 없다. 즉 이자와 수수료 상당의 자본대가만을 의미한다는 점이 영리개발과의 차이점이다.

7.2 비영리 도시개발의 실질적 과제

'개발이익 시민환원제'실현을 위한 비영리 도시개발의 이론적 설명에서 지방정부는 대체로 환영하는 입장을 표하면서도 민간의 참여가능성에 대하여 많은 의문을 제기하였다. 그리고 민간회사를 상대로 비영리 도시개발을 설명한 결과도 긍정적인 의사표시였으나 선제적 해결과제가 필요하다는 의견이 더 많았다는 점에서 비영리 도시개발사업 추진 가능성을 확인하였으며 조사에 따른 선결과제는 다음과 같다.

7.2.1. 민간 사업제안의 허용

정부는 당초에 없던 도시개발사업에 관한 사업제안 규정을 대장동사건을 계기로 신설하였다. '도시개발법 제11조의2 〈법인의 설립과 사업시행 등〉 제2항에서 공공시행자는 제1항에 따른 법인을 설립하려는 경우 공모의 방식으로 민간사업자를 선정하여야 한다.'고 규정하고 있으며, 같은 법 시행령 제18조의2 〈법인의 설립과 사업시행 등〉 제3항에서 대상지 전체 토지면적의 3분의 2 이상을 소유하여야 한다./ 대상지 면적이 10만 제곱미터 미만이여야 한다./ 시행령 제2조에 따라 도시개발구역으로 지정할 수 있는 대상지역 및 규모에 해당하여야 한다./ 국토의 계획 및 이용에 관한 법률에 따른 도시지역에 해당하면서 개발제한구역이 아니어야 한다./ 대상지 전체 토지가 군사기지 및 군사시설 보호법 등 관계 법률에 따라 개발을 제한하고 있는 지역이 아닌 경우에 한하여 민간은 공공시행자에게 공동사업을 제안할 수 있다./ 도시개발은 개발방식과 별개로 도시개발법과 타법령에 도시개발행위에 제한이 없이 개발이 가능하여야 한다. 라고 규정을 신설하였다. 도시개발사업 구역 내 토지로서 지구단위가 되어 있고, 민간사업자가 3분의 2에 해당하는 토지를 소유하고 있는 상황이라면 민간사업자가 공공시행자에게 공동사업을 제안할 이유가 없어 보이는데, 어떠한 이유로 현실성 없는 법률을 제정한 것인지 이해할 수 없다.

그리고 국토교통부장관 협의 대상을 100만㎡ 이상에서 50만㎡ 이상으로 확대 조치를 단행함으로써 지방정부의 기능을 축소하고 중앙정부의 감독기능과 권한을 강화한 사항은 풀뿌리 민주주의를 위협하고 지방정부 자치권을 심각하게 훼손하며 시대를 역행하는 행위라 하지 않을 수 없다. 필자의 비영리 도시개발은 민관합동 도시개발사업에서 민간의 개발이익을 시민에게 전액 환원하자는 프로그램으로 도시개발사업에 있어서 최선의 공익적 개발방식 모델이다. 따라서 정부는 민간이 보다 활동적이고 창조적인 활동을 수행할 수 있도록 기존 제도를 개선하는 것이 바람직하다고 생각한다. 민간주도의 비영리 도시개발이 정착된다면 민간참여자에 대한 이윤율 제한 등과 같은 불필요한 규제가 필요 없을 것이며 대장동사건과 같은 일이 우리 사회에서 사라질 것이고, 민간의 사회적기업 활동으로 공공복리에 기여할 수 있는 토대가 마련되어 복지국가로 한 단계 더 다가갈 수 있기를 기대한다.

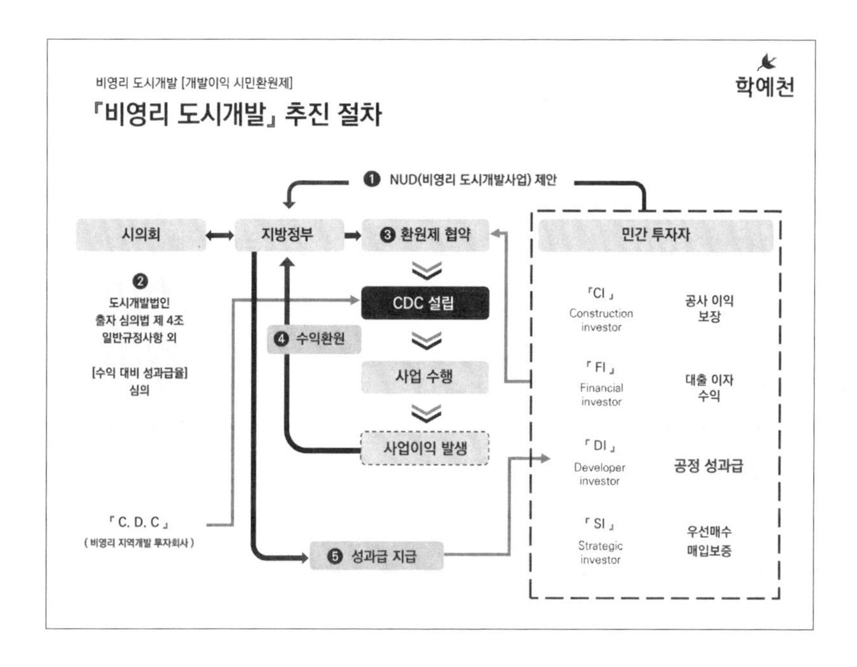

7.2.2. 개발이익의 재투자 및 시민환원

법률 제 17893호 시행 2022. 1. 13. 도시개발법 제 53조의2 〈개발이익의 재투자〉 및 같은 법 시행령 제70조의2 〈개발이익 재투자의 용도〉에 의거 민관합동 도시개발사업으로 인하여 발생하는 개발이익 중 민간참여자의 이윤율을 초과한 이익에 대하여 주민의 편의 증진을 위한 주차장 및 공공·문화체육시설, 임대주택 건설용지의 공급가격 인하 및 비용의 부담으로 사용하도록 조항이 신설되었다. 비영리 도시개발의 개발이익은 시민의 토지를 공개념에 따른 수용 및 사용방식의 개발로 인하여 발생한 수익이다. 또한 개발이익은 시민의 희생에 의하여 생성되었으므로 시민을 위한 공공복리에 쓰여져야 한다는 생각에서 시작된 공익성 개발방식이다. 따라서 도시개발법 제 53조의2에 의한 획일적이고 한정적인 재투자 방식은 각각의 지방정부 상황을 모두 반영할 수 없으므로 바람직하다고 할 수 없다. 비영리도시개발의 개발이익은 지방정부의 상황에 따라 공원, 도로, 교량등과 같은 기반시설과 체육, 문화, 예술 활동지원, 사회취약계층을 위한 복지 등 시민이 원하는 곳에 다양하게 사용될 수 있도록 사용처가 확대되어야 하며, 재투자의 우선순위는 시민의 대의기관인 시의회에서 충분하게 논의하여 시민의 뜻을 적극 반영하는 방향으로 보완하는 것이 좋을 것 같다.

7.2.3. 가치대가, 공정 성과급, 자본대가의 기준

가치대가는 비영리 도시개발사업에 민간참여자가 투여한 노동력, 기술력, 신용제공 등의 활동 가치에 대한 정당한 대가이다. 비영리 도시개발사업에서 민간의 참여활동에 대한 가치 평가는 통상적으로 통용되는 기준 또는 건설신기술품셈과 같은 공정한 대가로 등가교환되어야 하며, 인위적 기준설정 등으로 민간참여자의 가치대가가 손상되거나 절하되는 일이 있어서는 아니 될 것이며 비영리 도시개발의 민간 활동 가치는 다음과 같다.

(1) 건설참여자의 가치대가

비영리 도시개발사업에서 건설참여사의 책임준공은 Project Financing에서 배제할 수 없는 기초자산이다. 책임준공은 대출기한 일자까지 준공에 대한 책임의무를 의미하는데 미준공시는 대출 원리금 또는 잔여 Project Financing 채무액을 대위변제하는 의무를 부담한다. 준공은 용도변경에 따른 지가를 상승시키고 높아진 지가는 LTV를 안정화하며 대출의 상환을 용이하게 한다. 즉, 책임준공이라는 신용보증이 토지의 물적 담보로 전환되는 중요한 과정이다.

비영리 도시개발사업의 사업비 대부분이 Project Financing과 같은 타인자본으로 조달됨에 따라 이자와 수수료 등과 같은 자본조달비용만으로도 전체사업비의 18% 내외로 많은 부분을 차지한다. 그리고 자본조달비용은 지방정부가 미분양에 따른 매입확약과 같은 보증을 제외하면 금융기관은 통상적으로 건설참여자의 신용도(책임준공 보증)를 기준으로 Project Financing 대출 금리를 결정하는 요소이다. 따라서 비영리 도시개발에 참여하는 건설참여자의 신용도는 자본조달비용과 더불어 개발이익 증감에 직접적 영향을 미친다.

책임준공과 Project Financing은 크게 두개의 관계로 규정된다. 첫 번째는 미준공에 관한 사전적 기준과 미준공이라는 현상에 대한 책임의 범위이며, 두 번째는 Project Financing에서 시공사에 대한 공사비의 지급 순위와 지급방법에 관한 규정이다. 그리고 Project Financing 대주단은 공사비 지급 순위와 방법에 대하여 다시 두 종류의 관계로 설정한다. Project Financing에서 지급하는 공사비는 준공을 위하여 필수적으로 소요되는 필수공사비와 건설공사의 수행으로 인하여 발생하는 공사도급이익으로 구분한다. 이와 같은 구분은 대주단 입장에서 Project Financing 원리금이 상환되지 않은 상황에서는 공사에 참여하는 시공사의 공사수행이익을 유보하겠다는 의지를 포함한 것인데, 장래 미분양 상황에 대하여 건설참여자도 적극적으로 대비하라는 의미가 포함된 일련의 예비조치인 셈이다. 그리고 건설공사 이익 지급이 금융기관의 원리금 상환보다 우선할 수 없다는 부분도 감안되었다고 할 수 있다. 따라서 이와 같은 조치로 인하여 건설참여자의 건설공사이익은 장래 분양율과 연동되는 구조가 대부분 만들어진다.

건설참여자의 비영리개발 참여 가치대가는 책임준공에 제공된 신용가치 또는 신용제공으로 발생할 수 있는 미래 채무상환 리스크와 분양에 연동되는 공사이익 지급조건 리스크 등과 같은 신용제공 가치에 대한 평가기준과 대가의 환산 기준이 마련되어야 할 것이다. 이와 같은 가치평가와 대가환산은 건설공사 도급률에 반영함이 바람직 할 것이다. 그리고 기존 민관합동 개발사업에서 기대하던 개발이익 배당을 포기하고 시민에게 환원하는 건설회사의 결정도 가치평가와 대가환산에 일정부분 감안되어야 할 것이다. 비영리 도시개발 공사도급률은 일반적으로 공공사업에서 발주하는 평균공사도급률(설계가격을 기준으로 86.745%)을 기준으로 설정하고 책임준공과 분양불 공사이익 지급조건 그리고 개발이익의 환원 등에 대한 신용제공과 신용제공으로 발생할 수 있는 리스크를 환산하여 평균 공사도급률에 Risk Premium을 더하는 구조가 대안이 될 수 있을 것이다. 이와 같은 공사도급률 조정에 있어서 추가적으로 단지조성 공사비 도급률이 비영리 도시개발 전체사업비에 미치는 영향에 대해서도 검토가 필요하다. 도시개발사업의 경우 총사업비 상당 부분이 용지비(평균 50% 내외로서 도시의 경우 용지비율이 상승하며 시골의 경우 용지비율이 낮아진다.)이고 공사비 비율은 16%~21% 내외로 구성된다. 따라서 공사도급률이 5% 상승하면 총사업비는 0.8%~1.05% 상승하고, 개발이익은 대략 2.66% 감소한다. 따라서 건설참여자의 책임준공, 공사이익의 분양불 약정, 개발이익 시민환원 등을 감안한 Risk Premium은 최소 10% 내외로 적용되어야 할 것으로 사료되며 도급율에 따라 확정된 공사비는 준공에 필요한 필수공사비와 공사수행 이익 후순위 공사비로 다시 구분될 것이며 공사도급률 상향으로 높아진 공사이익은 분양결과에 따라 지급받는 분양불 후순위 공사비로 관리될 여지가 높아 보인다.

공사비와 관련하여 우리는 언론을 통해 건설회사의 공사비 부풀리기와 같은 기사를 접하는 경우가 있는데 이들 대부분이 공동주택과 같은 건축개발사업에 해당한다. 공동주택 개발사업의 경우 용지비 대비 건축공사비가 약 10 : 90으로 공사비 비중이 매우 높은 구조이다. 따라서 공사비가 10% 증액되는 경우 전체사업비가 9% 상승하고 개발이익은 공사비 상승분만큼 감소하는 결과를 초래한다. 그러나 도시개발과 같은 택지나 단지조성사업의 경우 사업비의 상당 부분이 토지매입 비용이므로 용지비 대비 공사비는 평균적으로 5.5 : 1 수준이다. 따라서 공사비 10% 증액은 전체사업비 0.8%~1.05%에 해당함으로 공동주택 건축개발과 같은 효과나 영향은 미미하여 단지조성공사비 증감은 개발이익에 크게 영향을 미치는 구조가 아니다. 또한 비영리 도시개발의 경우, 지방정부가 도시개발의 실시계획 승인과정에서 공사설계와 공사내역 등을 종합적으로 검토하여 공사도급액이 확정되는 공정심사과정이 수반된다. 그리고 설계의 변경 또한 책임 감리와 지방정부의 관리 감독에 따라 변경될 것이기 때문에 공공발주공사와 유사함으로 공사비 부풀리기 같은 비리는 원천적으로 예방할 수 있는 구조이다.

(2) 시행참여자의 가치대가와 공정 성과급

비영리 개발사업의 기획은 시행출자자의 마스터플랜과 구체화된 사업계획을 통하여 결정된다. 마스터플랜은 프로젝트가 장래의 이상이나 목표를 추구하는 기본적 계획으로 기본 계획을 포함하여 수립되어야 한다. 이상과 목표는 개발의 목적에 따라 첨단도시, 배후도시, 전원형도시, 역세권개발, 자족형 기업도시 등으로 다양하다. 또한 마스터플랜은 지방정부에 부족하거나 필요한 SOC시설 등, 지방정부 시민의 요구가 충분하게 반영되도록 설계하여야 할 것이다. 그러나 때로는 과도하게 이상적인 마스터플랜 설정으로 사업이 실패하는 경우도 주변에서 종종 보아 왔기 때문에 유의할 필요가 있다.

비영리개발에 참여하는 시행참여자 디벨로퍼는 마스터플랜을 대상으로 다양한 방식의 시뮬레이션을 실시하고 프로젝트에 관한 Worst Case Scenario에 대하여 면밀하게 검토되어야 한다. 검토된 Worst Case와 같은 상황을 사업계획에서 제외하려면 다양한 변수들에 대하여 반복적인 검증과정을 수행하여야 한다. 또한 Scenario에 따른 소요재원과 사업수지의 변동성 그리고 프로젝트의 장애가 될 수 있는 주요 리스크도 별도로 분석하여 제시되어야 할 것이다. 그 외 도시계획, 재원조달 규모와 조달방안, Risk Hedge 방안, 개발에 필요한 조직구성, 컨소시엄 구성원의 의무와 권한, 수지분석 등도 분석되어야 한다. 그리고 시행참여자는 사업계획이 수립되면 신용도 높은 건설참여자 협의와 전략출자자를 모집하여 컨소시엄을 구성하고 사업계획에 따른 의무와 역할에 대하여 당사자 간 협의하고 확정하는 과정을 반복 수행할 것이다. 경우에 따라서 위와 같은 과정을 건설출자자와 공동으로 추진하거나 전략출자자를 공동으로 모집하는 경우도 있으며 건설참여자가 디벨로퍼 역할을 겸하는 경우도 있다. 비영리 도시개발사업에서 시행출자자 또한 건설참여자와 같이 개발이익의 배당은 없다. 어쩌면 건설참여자는 공사수주라는 참여 목적이 있지만 시행참여자는 개발이익이 참여목적의 전부였으므로 개발이익이 시민에게 귀속됨으로 참여할 이유가 없다고도 볼 수 있다. 때문에 시행출자자에 대한 공정 성과급 제도의 도입이 필요하다. 하지만 시행출자자 또한 개발이익의 전액 환원에 먼저 동의하에 사업을 구상하여야 비영리 도시개발은 완성된다. 그리고 시행출자자에 대한 공정 성과급은 시민이 정하여야 할 것이다. 과거 시행참여자가 투기적으로 개발사업에 참여하였다면 비영리 디벨로퍼는 공공복리와 정당한 노동의 가치로 비영리개발에 참여할 수 있다. 비영리 디벨로퍼는 개발전문가로서 토지개발로 인한 부의 불평등과 불균형 해소에 일익을 담당하는 공익적 개발업자로 자리를 잡아가는 계기가 될 수 있다.

결과적으로 비영리 디벨로퍼는 개발에 관한 모든 정보를 공개함은 물론 개발이익 전액을 시민에게 환원하고, 디벨로퍼 자신은 시민으로부터 노력과 성과를 평가 받아 통상적인 성과급 수준의 실적에 따른 공정대가가 가장 합리적이고 정의롭다고 생각한다. 우리 사회의 성과급 기준은 다양하게 존재한다. 정부 및 투자기관, 통상적인 민간기업의 성과급 기준 등을 조사 및 분석하고 시민의 대의기관인 시의회에서 논의와 의결로 '공정 성과급' 제도를 채택할 수 있다. 그리고 '공정 성과급' 제도는 시의회의 출자타당성 심의에 포함하고 심의 의결되어 시민 모두가 공감할 수 있는 공정성을 확보하여야 한다.

(3) 자본대가 등

비영리개발에서의 자본대가는 자기자본과 타인자본으로 구분된다고 하였다. 자기자본은 Equity 성격의 모든 자본의 총칭이며, 타인자본은 금융기관으로부터 조달되는 Bridge Loan과 Project Financing으로 타인자본의 대가인 수수료와 이자는 대출약정 체결시기의 금융시장 상황에 따라 협의 후 확정된다. 비영리개발에 있어서 시행과 건설참여자는 Project Financing 대출 약정의 고정금리와 변동금리, 금융시장 변화에 따른 대출약정의 최적 시기, 'all in cost'와 선 이행조건, 자금집행조건 등으로 절차가 복잡하고 다양하여 전문적인 많은 의사결정들이 요구된다. 이와 같은 타인자본 의사결정 논의사항에 대하여는 〈6. 비영리 도시개발의 재원조달〉 편을 참고 바란다.

기존의 영리 목적 민관합동 도시개발사업과 비영리 도시개발사업과의 가장 큰 차이점은 자기자본의 성격변화이다. 기존의 민관합동 개발사업은 영리를 목적으로 하기 때문에 민간과 공공이 공동 출자하여 설립하는 특수목적법인을 영리법인화하고 각자가 주식 종류에 따라 선택하여 취득하고 상법상 주식회사의 배당규정을 준용 받도록 하는 투자 사업으로 간주되었다. 하지만 비영리개발은 민간의 출자지분율과 의결권은 기존과 동일하나 배당권이 없는 종류주식을 민간이 취득하게 하는 방식이다. 따라서 민간의 특수목적법인 설립 출자금은 투자금에서 대여금 성격으로 변경되고, 민간의 종류주식은 배당에 비참가적이며 출자금에 대한 금리에 따라 이자수익을 얻는다. 대장동사건에서 보았듯이 개발이익 9,574억 원 중에 종류주식(제1종 우선주식 금융기관들) 금리배당금은 32억 원으로 0.003%에 불과하며 이와 같은 민간출자금 금리배당 수준은 개발이익에서 무시하여도 될 만큼 현저하게 미미한 수준임을 잘 알 수 있다.

결과적으로 비영리 도시개발은 민간의 기술과 자본, 공공의 행정지원을 이용하여 도시를 개발하고 민간참여자는 기술과 자본에 대한 공정한 대가를 지급받음으로써 참여의 목적을 달성하고 개발이익은 시민에게 귀속되어 공공복리 증진에 이바지할 수 있는 최적의 공익적 도시개발방식의 모델이 될 것이다. 그리고 비영리 도시개발이 경제민주화를 위한 첫걸음으로 부의 불균형과 불평등을 해소하는 하나의 제도로 정착되기를 기원한다.

| 에필로그 |

지금까지 대한민국에서의 민관합동 도시개발사업의 역사는 투자와 수익이라는 관점에서 출발하였다. 어쩌면 대한민국의 도시개발 역사를 비판적으로 회고하는 현재의 필자 또한 과거 청년시절에 대장동사건과 같이 도시개발사업 하나로 일확천금을 꿈꾼 적이 있는 가난했던 586세대이다. 그리고 20여 년이 지난 지금의 시점에서 과거를 돌아보면 586세대는 청춘을 바쳐 군사정부를 종식시킨 정치민주화의 주인공들이었다. 최고 수준의 정치민주화를 이룬 586세대임에도 불구하고 현재 우리 사회는 교육민주화, 문화민주화 그리고 경제민주화 수준은 아직도 걸음마 수준에 머무르고 있다. 교육의 개혁이 먼저인지, 경제민주화가 먼저인지, 그것도 아니면 문화부터 개혁하여야 하는지 몰라서 우왕좌왕 방황하는 소년의 모습 같다는 생각이 든다. 그러는 사이에 우리 사회의 빈부 격차는 더욱 커져 가고, 개혁을 이끌어야 할 586소년의 성장도 멈추어 가고 있는 것 같다. 때문에 지속 가능한 발전을 위하여 우리 사회는 할 수 있는 것부터 무엇이든 해야 할지도 모른다.

대한민국은 헌법 제119조에서 경제 질서는 개인과 기업의 경제상의 자유와 창의를 존중함을 기본으로 하지만 제2항에서는 “국가는 균형 있는 국민경제의 성장 및 안정과 적정한 소득의 분배를 유지하고, 시장의 지배와 경제력의 남용을 방지하며, 경제주체 간의 조화를 통한 경제의 민주화를 위하여 경제에 관한 규제와 조정을 할 수 있다."는 규정을 두어 경제의 민주주의적 가치를 명확하게 명시하고 있다. 이는 자유와 창의적인 민간도시개발과 공익적인 공공도시개발의 의미를 모두 포함하고 있다고 생각한다.

지금까지 민관합동 도시개발은 민간의 투자와 공공의 행정지원을 결합한 형태의 개발방식으로 개발이익을 민간과 지방정부가 양분화한 방식이 대장동사건까지이고 2021년 민간참여자의 개발이익을 사업비의 10% 범위 내로 제한한 것이 현재 도시개발법이다. 그 외에도 우리 사회에서 민관합동 도시개발사업에 대한 민간투자에 대한 개발이익 제한을 위하여 정부 내 각각의 행정기관, 각종 위원회 등이 공공기여방안이나 기부채납협의 등의 다양한 방법으로 개발이익을 환수하여 왔다. 하지만 이러한 방식은 더욱 많은 문제를 불러왔다고 본다. 법령은 법령대로 규제하고 행정기관들과 각각의 위원회는 법령 외에 자신들의 사회적 위상을 높이는 수단으로 규제를 더하고 있으므로 이와 같은 사회현상은 사실상의 규제 기준이 없는 것이나 다름없다는 생각도 든다. 이러한 경제관리 주체들의 임의적 규제과정이 공익을 목적으로 한다고는 하지만 우리 사회가 지켜야 할 공정성을 훼손하는 결과를 초래할 수 있다. 공익의 공정성은 단순명료하여야 한다고 생각하기 때문이다. 이 책에서 주장하는 비영리 도시개발은 공익적 도시개발임으로 민간참여자의 개발이익이 존재하지 않으므로 적정한 이윤 또한 존재할 수 없다. 비영리 도시개발은 우리 사회에서 정하고 있는 근로와 자본의 공정한 대가만이 존재하여야 한다.

우리는 지금까지의 천문학적인 개발이익의 사유화는 정당하지도 않으며 정의롭지 못하다는 것을 잘 알고 있다. 자유 시장 경제에서 많은 돈을 벌 수 있다는 건 무척이나 좋은 일이다. 하지만 그보다 중요한 건 정의롭고 정당하며 공정한 수입이어야 한다는 점이다. 그리고 이 책에서와 같이 민관합동 도시개발사업을 좀 더 세분화하여 관찰하면, 개발이익이 그들의 몫이라는 근거는 어디에서도 찾을 수 없다. 따라서 지금의 민관합동 도시개발사업의 기준인 "도시개발법"은 이처럼 잘못된 기준에서 출발한 약탈적 자본주의의 잘못된 법 중 하나라는 생각도 든다. 그리고 이러한 잘못된 기준이 대장동사건을 만든 근본적인 원인으로 작용되었다고도 볼 수 있다. 민관합동 도시개발사업의 개발이익은 이 책에서 설명한 바와 같이 공권력에서 나온다. 보상법에 따라 토지가 확보되고 법률에 따라 토지의 용도가 정해져 토지의 가격이 상승하여 발생한 이익이 도시개발이익이다. 이와 같음에도 민관합동 도시개발사업의 개발이익을 배당이라는 이름으로 개발참여자들이 나누는 행위는 주인 없는 돈을 주워서 참여자들이 나누는 행위와도 같다. 주운 돈을 나누어 사유화하는 것이 절도 행위임에도 불구하고, 대한민국은 도시개발법으로 절도 행위를 합법화해 준 것이나 다를 바 없다. 그리고 민관합동 도시개발사업의 개발이익은 주인 없는 돈이 아니다. 시민이 주인이기 때문이다. 더 이상 민관합동 도시개발사업이라는 방법을 통하여 투기를 투자와 혼합한 형태의 야바위(shell game)게임으로 두어서는 안 된다. 그리고 우리 사회는 "비영리 도시개발" 추진을 위한 도시개발법 개정과 "비영리 디벨로퍼"의 양성 교육도 추진하여야 한다. "비영리 디벨로퍼"는 민관합동 도시개발사업을 지속 가능한 도시로 비영리 도시개발을 추진하고, 개발이익은 시민에게 환원하는 공익적 가치의 실현을 목표로 하여야 한다.

마지막으로 비영리 도시개발과 개발이익 시민환원제가 만들어 갈 도시의 개발은? 공공복리를 증진하고 전통을 계승하며, 문화를 창조하고 약자를 배려하며, 소외계층과도 소통하는 공동체 환경도시로의 공간이기 되기를 기원한다. 그리고 대한민국이 정의롭고 지속 가능한 발전을 이룰 수 있도록 하는 계기가 되었으면 하는 바람도 곁들인다.

끝으로 이재수 전)춘천시장님과 최원종 춘천시 도시과장님께 '비영리 도시개발'과 관련한 지방정부의 행정지원에 대한 자문에 감사드리고, 더불어 2021년 "개발이익 시민환원제" 토론 및 발표회 주관 등 춘천시의 아낌없는 지원에 관계자분들께도 진심으로 감사인사 드립니다. 그리고 한국주거환경학회 회장이시자 국토교통부 중앙도시계획위원회 위원이신 강원대학교 장희순 부동산학과 교수님과 강원연구원 도시계획, 교통계획 노승만 공학박사님, 동국대학교 행정대학원 부동산학 진상준 겸임교수님의 '토지 공개념'과 '개발이익 시민환원제' 발표 및 토론회는 '비영리 도시개발'을 위한 이론 구성의 원동력이 되었으며, 이 책을 다듬는 데 너무나도 소중한 자산이었습니다. 그 외 법무법인 바른 김재환 변호사님께서 법률검토를, 유안타증권 김정례 상무님께서 비영리 Project Financing 금융이론 자문을 해 주심으로써 '비영리 도시개발' 기초 완성에 큰 힘이 되었습니다. 마지막으로 끝까지 『비영리 도시개발』의 출판을 보좌해 준 송자혜 님과 안도인 여지영 대표님께도 깊은 감사의 마음을 전합니다.

〈국가별 도시개발방식에 따른 공익가치와 개발이익의 귀속 기준, 비영리 도시개발에 따른 세제영향과, 공익적 도시개발 유도정책, 비영리 도시개발 시행에 있어서 현)도시개발법의 한계와 대안 그리고 비영리 도시개발을 위한 세부적 논점 등은 더 많은 전문가들의 의견을 담아 '비영리 도시개발Ⅱ'에서 담론 및 서술하도록 하겠습니다.〉

| 참고문헌 |

『메트로폴리스』(Ben Wilson, 매경출판, 2021)

『대장동을 말하다』(윤정수, 청해, 2022)

『도시개발 길을 잃다』(김경민, 시공사, 2013)

『도시변화로 알아보는 세계도시개발의 조류』(이주형, 보성각, 2009)

『도시개발론』(대한국토도시계획학회, 보성각, 2006)

『모더니즘과 포스트모더니즘』(데이비드 하비, 현암사, 2005)

『지속가능한 도시론』(하성규 외, 보성각, 2003)

『주택정책론』(하성규, 박영사, 1999)

『근대도시계획의 기원과 유토피아』(Leonard Benevolo, 역자 장성수, 태림출판사, 1996)

『Garden Cities of To-morrow』(Ebenezar Howard, Routledge, 2007)

『Satellite Cities』(Taylor, Graham Romeyn, Book on Demand Ltd. 2013)

『한국도시론』(한국도시연구소편, 박영사, 1998)

『일제강점기 도시계획연구』(손정목, 일지사, 1990)

『1933~43년 일제의 경성시가지계획』(염복규, 『한국사론』46, 2001)

『인구 300만의 도시 Ville Contemporaine 계획안』(Le Corbusier, 1922)

『토지구획정리사업의 고찰과 개선방안』(김동욱, 국토연구원 국토정보 1996년 5월로, 통권 175호)

『포스트모던 도시의 사회 문화와 새로운 도시화』(홍인옥 · 최병두, 한국도시연구소, 2004)

「시가지계획령(1934~1962)의 성립과 전개에 관한 법제사 연구」(윤희철, 학위논문(석사), 2011)

「일제하 경성도시계획의 구상과 시행」(염복규, 학위논문(박사), 2009)

「주요국의 토지가격 장기추이 비교」(이준수 · 남기업, 토지+자유연구소 16호, 2020)

「대만의 공적 지가제도」(김보영, 한국지방세연구원 포럼53권, 2020)

「부동산과 불평등 그리고 국토보유세」(남기업 외 3인, 사회경제평론 30권 54호, 2017)

「일제 토지조사업의 "자본화 과정" 연구」 (한정희 등, 한국부동산학회 부동산학보 60권 0호, 2015)

『The Modern City : Planning in the 19th Century』 (Choay F., George Braziller Publishers, 1996

『The Condition of Postmodernity』 (Harvey D., Blackwell, 1990)

『문화일보』 2005년 9월 28일 경제기사 「판교 남쪽에 '베버리힐스' 만든자」 신선종 기자

『문화일보』 2021년 3월 2일 사회기사 「LH직원, 신도시 '100억대 땅투기' 의혹」 조재연 기자

『경기신문』 2021년 3월 9일 사회기사 「LH직원 '꼼수'에 58억 내준 농협...'적법하다' 변명만」 노해리 기자, 문우혁 수습기자

『경기경제신문』 2021년 8월 31일 칼럼 「[기자수첩] 이재명 후보님, "(주)화천대유 자산 관리는 누구 것입니까?"」 박종명 기자

『시사IN』 2021년 12월 7일 기사 「대장동 '설계도' 그린 그때 그 사람들은 누구인가」 문상현, 김영화 기자

『시사IN』 2021년 12월 8일 기사 「대장동 개발은 어떻게 그들의 먹잇감이 되었나」 문상현 기자

『조선일보』 2021년 10월 8일 기사 「참여연대, 민변 "대장동, 공공의 탈 쓰고 민간이익 극대화"」 김은중 기자

『국가기록원 나라기록』 (contents.archives.go.kr, 2022. 1.)

『국가법령정보센터』 (law.go.kr, 2022. 3.)

부록

비영리 도시개발 시각자료

비영리 도시개발 [개발이익 시민환원제]

학예천

01 『비영리 도시개발』이란?

비영리 도시개발 & 개발이익 시민환원

민관합동 도시개발사업을 '비영리 개발방식'으로 추진하고 **개발이익 전액을 시민에게 환원**하는 제도로서, 비영리 도시개발사업은 국민을 위한 **부의 불평등 해소와 재분배를 목적**으로 **공익적 가치 창출과 공공복리의 증진을 도모** 하여야 한다.

01
비영리도시개발
개발이익을
사유화 하지 않고
정당한 근로가치와
공익실현이 목적

02
개발이익 시민환원
개발이익 전액을
공공복지 재투자와
시민 문화, 복지프로그램
재원 활용

03
공정 성과급
민간 참여자의
투기적 개발이익 포기
▶시민평가에 따른
공정한 성과급 도입

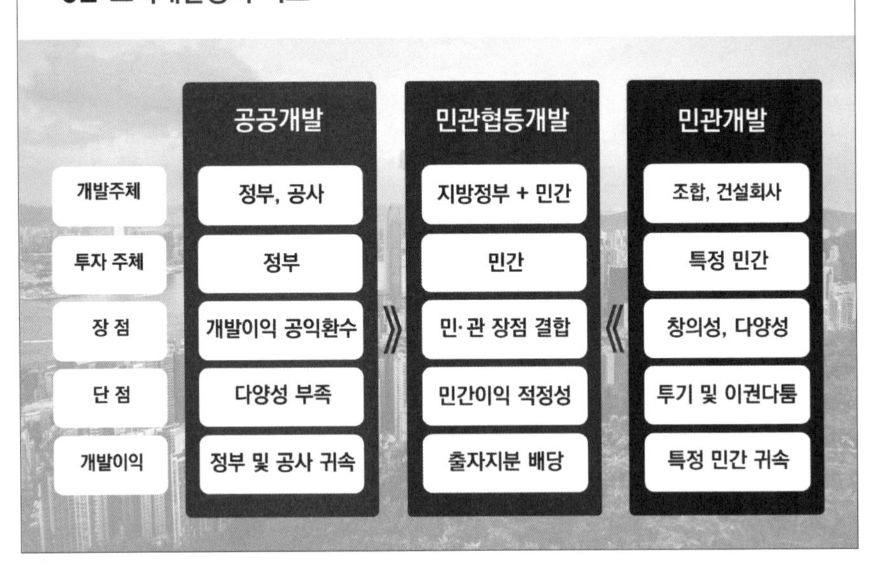

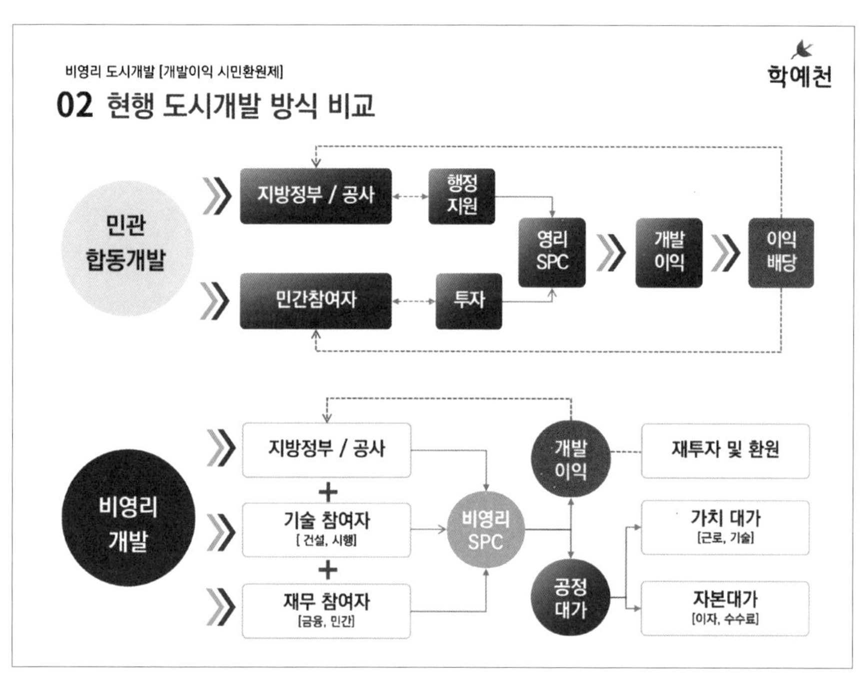
비영리 도시개발 [개발이익 시민환원제]
학예천
02 현행 도시개발 방식 비교
민관
합동개발
지방정부 / 공사
행정
지원
민간참여자
투자
영리
SPC
개발
이익
이익
배당
비영리
개발
지방정부 / 공사
기술 참여자
[건설, 시행]
재무 참여자
[금융, 민간]
비영리
SPC
개발
이익
공정
대가
재투자 및 환원
가치 대가
[근로, 기술]
자본대가
[이자, 수수료]

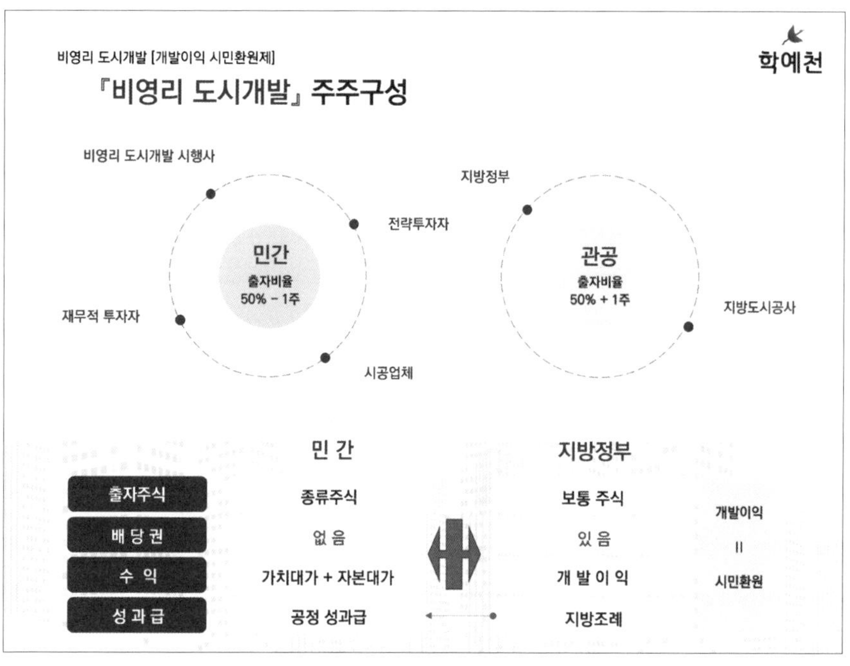
비영리 도시개발 [개발이익 시민환원제]
학예천
『비영리 도시개발』 주주구성
비영리 도시개발 시행사
민간
출자비율
50% - 1주
전략투자자
재무적 투자자
시공업체
지방정부
관공
출자비율
50% + 1주
지방도시공사
민 간
지방정부
출자주식
배 당 권
수 익
성 과 급
종류주식
없 음
가치대가 + 자본대가
공정 성과급
보통 주식
있 음
개 발 이 익
지방조례
개발이익
II
시민환원

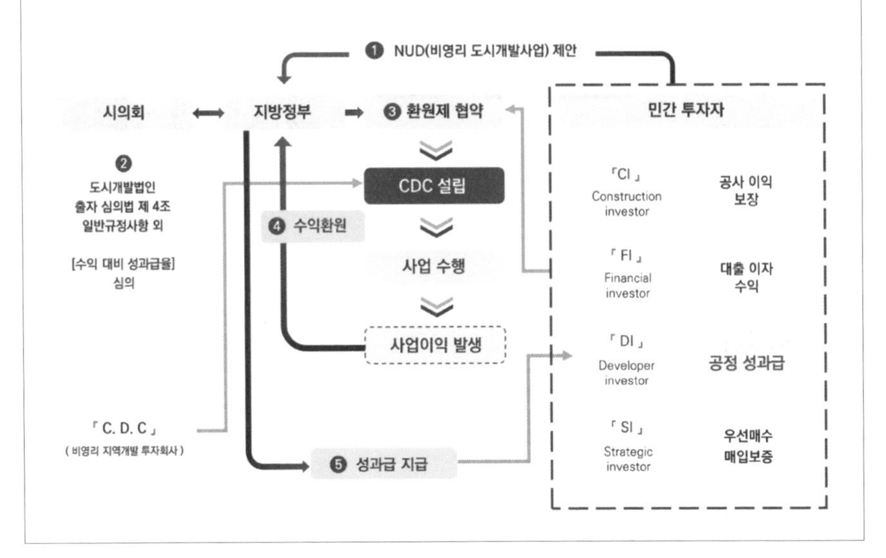

비영리 도시개발 [개발이익 시민환원제]

학예천

04 『비영리 도시개발』 추진 절차

개발이익 시민환원제 및 공정 성과급 제안

☑ CDC (비영리 지역개발투자회사) 방식의 [개발이익 시민환원제]

도시의 계획적이고 균형적인 발전을 위하여 '지방정부'와 '민간투자자'가 공동으로 출자하여 도시개발사업을 추진하고, 본 개발에 따른 발생 수익 전액을 시민에게 환원하는 "국내 최초의 비영리 도시개발사업"

국내 최초 CDC 방식과 PFV 방식의 장점을 혼용한 "특수목적법인" 설립

※ C.D.C (Community Development Corporation)
- 미국의 비영리 민간 개발 단체로서 저소득청을 위한 재정지원 프로그램 운영 및 대출/보조금 지원, 주택임대사업 등 비영리 목적으로 주택공급과 지역개발을 지원
- 저소득층을 위한 낙후지역 주택개발을 통해 지역발전에 기여하고 있음

☑ [시민환원 프로그램 계획(안)]

시민환원 프로그램 : 도시기반시설,공공시설, 문화체육시설 등 지방정부가 요청하는 공공•공익사업

☑ NUD(비영리 도시개발사업) 방식과 [공정 성과급제]

개발이익 시민환원제 기획 및 수행 "DI(시행 출자자)"
-) 업무성과 및 숙의 절차를 통한 "적정 성과급의 투명한 지급"

※ N.U.D (Non-profit Urban Development)
- 본 사업의 제안자가 제시하는 민간참여자가 개발이익을 추구하지 않는 도시개발사업
- 민간제안자는 의결권리는 있으나 개발이익 배당권리는 없음

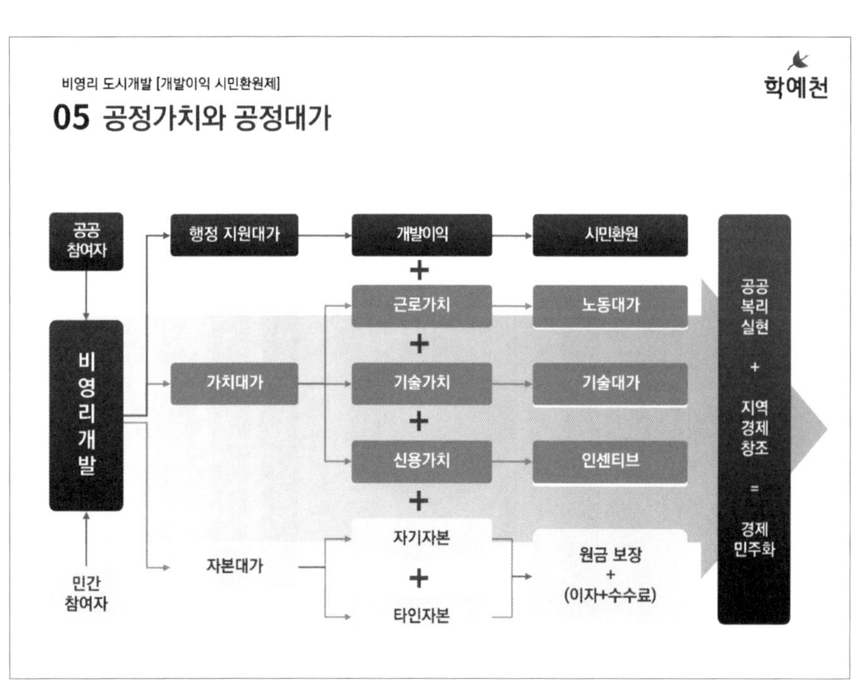
비영리 도시개발 [개발이익 시민환원제]
학예천
05 공정가치와 공정대가
공공
참여자
비
영
리
개
발
민간
참여자
행정 지원대가
가치대가
자본대가
개발이익
근로가치
기술가치
신용가치
자기자본
타인자본
시민환원
노동대가
기술대가
인센티브
원금 보장
+
(이자+수수료)
공공
복리
실현
+
지역
경제
창조
=
경제
민주화

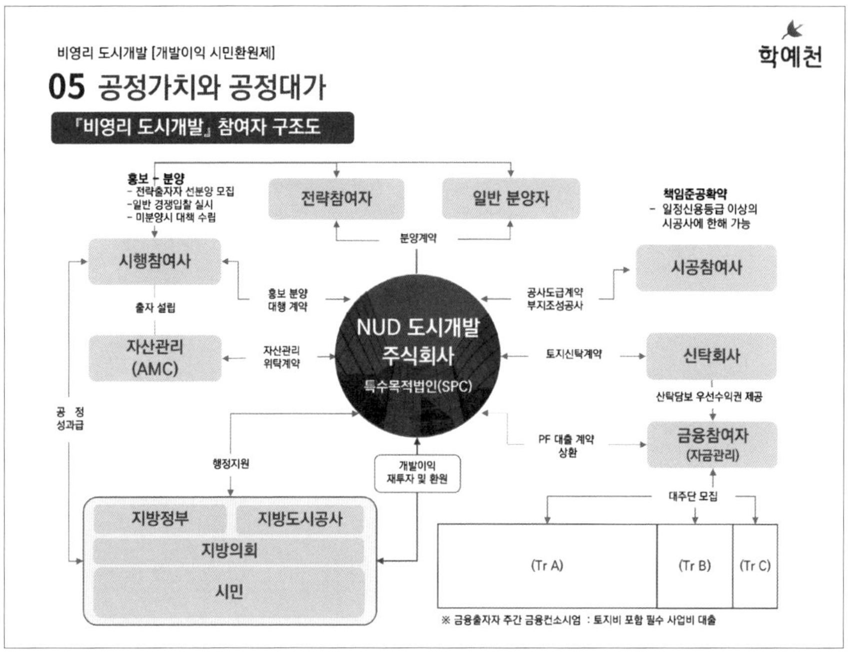
비영리 도시개발 [개발이익 시민환원제]
학예천
05 공정가치와 공정대가
『비영리 도시개발』 참여자 구조도
홍보 - 분양
- 전략출자자 선분양 모집
-일반 경쟁입찰 실시
- 미분양시 대책 수립
전략참여자
일반 분양자
책임준공확약
- 일정신용등급 이상의
시공사에 한해 가능
분양계약
시행참여사
홍보 분양
대행 계약
공사도급계약
부지조성공사
시공참여사
출자 설립
NUD 도시개발
주식회사
특수목적법인(SPC)
자산관리
(AMC)
자산관리
위탁계약
토지신탁계약
신탁회사
산탁담보 우선수익권 제공
공 정
성과급
PF 대출 계약
상환
금융참여자
(자금관리)
행정지원
개발이익
재투자 및 환원
대주단 모집
지방정부
지방도시공사
지방의회
시민
(Tr A)
(Tr B)
(Tr C)
※ 금융출자자 주간 금융컨소시엄 : 토지비 포함 필수 사업비 대출

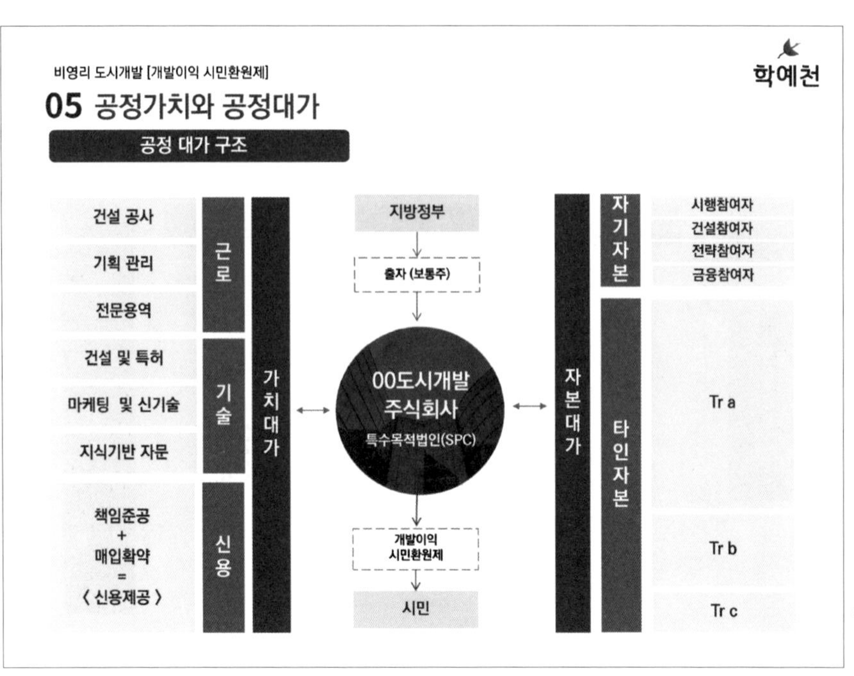
비영리 도시개발 [개발이익 시민환원제]
학예천
05 공정가치와 공정대가
공정 대가 구조
건설 공사
기획 관리
전문용역
건설 및 특허
마케팅 및 신기술
지식기반 자문
책임준공
+
매입확약
=
〈 신용제공 〉
근로
기술
신용
가치대가
지방정부
출자 (보통주)
00도시개발
주식회사
특수목적법인(SPC)
개발이익
시민환원제
시민
자본대가
자기자본
타인자본
시행참여자
건설참여자
전략참여자
금융참여자
Tr a
Tr b
Tr c

비영리 도시개발 [개발이익 시민환원제]
학예천
06 도시개발에서의『경제 민주화』
노동력
기술력
자본력
노동, 기술,
자본 가치 수익
비영리 개발
〈경제 민주화〉
인허가 지원
행정지원
보상지원
시민을 위한
도시 행정
개발이익 시민환원

비영리 도시개발

개발이익 시민환원

초판 1쇄 발행 2022년 9월 7일

지은이 전병구
펴낸이 이기봉
편집 좋은땅 편집팀
펴낸곳 도서출판 좋은땅
주소 서울특별시 마포구 양화로12길 26 지월드빌딩 (서교동 395-7)
전화 02)374-8616~7
팩스 02)374-8614
이메일 gworldbook@naver.com
홈페이지 www.g-world.co.kr

ISBN 979-11-388-1217-7 (03320)